Jean Haupt

LE PROCÈS DE LA DÉMOCRATIE

2019
the Savoisien & Baglis

1re édition de ce livre a paru en 1971 dans les « *Cahiers Découvertes* » à Lisbonne.
2me édition a été assurée par les Éditions de Chiré (Chiré-en-Montreuil), en 1977.
3me édition, parue en 2010, est conforme à la 1re édition de 1970.
4me édition est conforme à la 1re édition de 1970.

Édition italienne 1971 « *Processo alla democrazia* » (Giovanni Volpe, editore, Via Michele Mercati 51, 00197 Roma, Rafla)

Première édition numérique 2019
the Savoisien & Baglis

Exegi monumentum ære perennius
Un Serviteur Inutile, parmi les autres
SCAN
LE MÉLOMANE (Qu'il en soit remercié)
ORC, MISE EN PAGE
16 juillet 2019
BAGLIS
Pour la Librairie Excommuniée Numérique des CUrieux de Lire les USuels

Collection « Études Aryennes »

Jean Haupt

LE PROCÈS DE LA DÉMOCRATIE
4ᵐᵉ édition

2019
the Savoisien & Baglis

APERÇU BIOGRAPHIQUE DE L'AUTEUR

Jean HAUPT est né à Oran à la veille de la 1re guerre mondiale, de père lorrain et de mère provençale. Études supérieures (licence d'allemand) à la Faculté des Lettres d'Aix-en-Provence. De par ses activités professionnelles — assistant de français à Königsberg (Prusse orientale), lecteur à Reykjavik (Islande), professeur à l'Institut Français de Lisbonne ; puis, après la guerre de 1939-45, traducteur-interprète officiel de portugais-français de la Commission de Coopération Technique en Afrique au Sud du Sahara (CCTA) — il est amené à voyager et à séjourner plus ou moins longuement dans un grand nombre de pays d'Europe, aux régimes politiques les plus divers : Allemagne (avant et après la guerre de 1939-45), Islande, Norvège, Suède, Finlande, Estonie, Danemark, Angleterre, Italie, Espagne, Portugal, ainsi que, pratiquement, dans tous les pays de l'Afrique Noire, de Madagascar à Sào Tomé, de Dar-es-Salam à Luanda, Dakar, Johannesburg, Abidjan, Lourenço Marques, Kampala, Salisbury, Nairobi, Léopoldville, Brazzaville, Pointe Noire, Conakry, Ibadan, etc.

Fixé au Portugal où il exerce, depuis de longues années, la profession de traducteur de nombreux départements officiels, il a traduit, entre autres innombrables ouvrages, dans tous les domaines (art, histoire, littérature, économie, philosophie, politique, etc.), la plupart des discours et les *« Principes d'action »* de Salazar (éd. Arthème Fayard, Paris), et le célèbre *« Sermon de Saint Antoine aux Poissons »* du Père Antonio

Vieira, prédicateur portugais du XVIe siècle (éd. Bordas, Paris). Il a publié en outre un petit essai de linguistique comparée (« *On ne dit pas... On dit... — phraséologie luso-française* », éd. Livraria didàctica, Lisbonne).

S'intéressant passionnément à la politique depuis les bancs du lycée, n'ayant jamais été inscrit à aucun parti, n'ayant jamais posé sa candidature à aucune élection et n'ayant pas l'intention de le faire, il dirige, depuis huit ans, à Lisbonne, les *Cahiers Découvertes*, publication de langue française au service de l'Occident.

C'est donc en connaissance de cause et en toute objectivité que Jean Haupt dresse ici un réquisitoire documenté, clair, serré, implacable, de la Démocratie. Après avoir analysé successivement les principes et les institutions du régime démocratique — les *"immortels principes"*, le suffrage universel, les partis, le parlement, le gouvernement, le Chef de l'État, il conclut que la démocratie est contraire aussi bien aux intérêts légitimes des citoyens qu'aux intérêts supérieurs de la Nation.

Combien, oh! combien de fois, par une immanente justice de l'Histoire, la défaite des vaincus n'a-t-elle pas été la condamnation des vainqueurs ? Il faut savoir attendre. C'est l'évangile qui nous l'enseigne : l'arbre ne donne pas de fleur tant que la semence n'a pas pourri dans la terre.

Ramalho Ortigão
(*Dernières banderilles*)

I

INTRODUCTION

Pour sortir de l'impasse...

Pour sortir de l'impasse, il faut sortir de la démocratie...

L'ISSUE de la dernière guerre a été marquée par ce que l'on a appelé la *victoire* des démocraties.

L'histoire, surtout l'histoire moderne, nous enseigne qu'un régime politique a rarement survécu à la défaite militaire. À plus forte raison devait-il en être ainsi après cette guerre, puisque l'objectif déclaré des croisés de la démocratie était précisément de détruire le *nazisme* et le *fascisme* abhorrés. Et il ne fallait pas seulement les détruire dans leurs œuvres et dans leurs réalisations concrètes. Il fallait les détruire dans leurs fondements et dans leurs principes. Il fallait en extirper jusqu'au dernier germe, éliminer toute possibilité de résurrection future. Il fallait qu'il fût établi, une fois pour toutes, que tout, absolument tout, dans ces régimes, dans ces idéologies, était pernicieux, criminel, condamnable. *Et non seulement dans ces régimes et dans ces idéologies, mais dans tous les régimes et dans toutes les idéologies, présents, passés et futurs, qui ne se réclameraient pas de la démocratie.* Car il fallait désormais que personne n'osât mettre en doute l'excellence de la démocratie, au risque d'encourir les foudres de la conscience universelle.

Ainsi, alors qu'un peu partout, dans notre vieille Europe, les esprits les plus sains, les plus éclairés, les plus honnêtes, s'accordent pour reconnaître que rien ne va plus, pour constater la décadence généralisée, et apparemment inévitable (le fameux "sens de l'histoire" !) de l'intelligence, des institutions et des mœurs, voire l'agonie de plus en plus rapide de notre Civilisation, rares sont ceux, cependant, qui ont l'idée, ou le courage, d'en tirer les dernières conséquences. Comme des poissons qui, pris dans une nasse, tournent en rond sans en trouver l'issue, on préconise des remèdes *dans le cadre du système partout en vigueur*, la démocratie, sans s'apercevoir, ou sans vouloir avouer, que c'est le système qui est mauvais, et que... pour sortir de l'impasse, il faut sortir de la démocratie.

❧

La critique fondamentale de la Démocratie a déjà été faite, à plusieurs reprises, par les représentants les plus autorisés de la pensée européenne. Et il ne semble pas que leurs arguments aient jamais été réfutés. On continue à *proclamer* l'excellence de la Démocratie. On aurait du mal à la *prouver*, en théorie, et, encore moins, dans la pratique !

Comment expliquer, alors, que les peuples, aujourd'hui, croient encore à la Démocratie, ou tout au moins la tolèrent ?

Sans doute parce que les peuples écoutent, naturellement, avec complaisance, ceux qui les convainquent qu'ils sont plus que ce qu'ils sont et leur promettent plus qu'ils ne peuvent avoir, et que les peuples résistent mal aux invitations constantes à la facilité. (C'est pourquoi il est vrai qu'il existe en démocratie — *mais en démocratie seulement* — un "sens de l'histoire" : le sens de la facilité, le sens de la décadence).

Sans doute aussi parce que les arguments antidémocratiques, qui s'adressent davantage à l'intelligence et au bon sens qu'aux passions des hommes (au contraire de la propagande démocratique), n'ont pu encore pénétrer dans les masses.

À cela, il faut ajouter la gigantesque campagne de falsification, d'intoxication, de mensonge, déclenchée à la suite de la deuxième guerre mondiale par les démocraties victorieuses. Et, même quand elle n'a pas réussi à convaincre, cette propagande est parvenue à inculquer dans les esprits les mieux formés la sainte terreur du « qu'en dira-t-on ? » (voire des représailles !). Tel est le pouvoir de la propagande démocratique qu'elle est parvenue à faire de la Démocratie un dogme inviolable, formulant un nouveau précepte de morale impérative, un nouveau commandement : de la Démocratie ne médiras, sous peine des pires châtiments...

Dans les pages qui suivent, nous proposant d'instruire — le plus succinctement et le plus clairement possible — le *« procès de la Démocratie »*, nous analyserons successivement :

— En une première partie, les *principes idéologiques*, ce que l'on appelle « les immortels principes de 89 » : Liberté. Égalité, Fraternité ;

— en une seconde partie, les *institutions* fondées sur ces mêmes principes : le suffrage universel, les partis, le parlement, le gouvernement, le chef de l'État ;

— enfin, considérant que la *nation* est, et sera toujours, le cadre le plus favorable, non seulement à la vie des sociétés, mais encore à la sauvegarde et au développement des cultures humaines, dans la richesse de leur variété, que nous devons nous efforcer de maintenir à tout prix, contre toutes les forces et les tentatives de nivellement, *jugeant* la Démocratie sous l'angle de l'*intérêt national*, nous conclurons que la Démocratie est contraire à la fois aux intérêts légitimes des citoyens et aux intérêts supérieurs de la Nation.

II

LES IMMORTELS PRINCIPES
LIBERTÉ, LIBERTÉ Chérie...

Témoignages

« Au milieu de la perturbation générale, des dangers qui menacent la vie et les biens, l'égoïsme sacrifiera sans dispute la liberté. Car la liberté, si belle soit-elle, n'est dans la vie qu'une simple circonstance : l'ordre est la condition essentielle, intrinsèque, de l'existence ; la garantie du travail et du pain. Qui pourra calculer le nombre de libertés que nous sacrifierons à l'ordre, le jour où le désordre, conférant à tous le droit au gouvernement, menacera de nous supprimer le droit au dîner... »

« La liberté est, comme l'argent, une valeur purement conventionnelle et abstraite, sans autre utilité que de nous permettre de satisfaire un certain nombre d'aspirations. Et si l'on dressait la liste des buts pour lesquels chacun aspire à la liberté, on obtiendrait l'inventaire le plus complet de toutes les vertus et de tous les vices, de toutes les générosités et de toutes les rancœurs dont l'humanité est capable. »

Ramalho Ortigão,
écrivain portugais (1836-1915)
(Les Banderilles)

❧

« Le système démocratique admet que la raison guide les masses populaires, quand la vérité est que celles-ci obéissent plus généralement à la passion. Or toute fiction s'expie, parce que la vérité se venge.

« C'est pourquoi la démocratie, si belle en théorie, peut, dans la pratique, conduire à d'insignes horreurs. »

Alain

❧

« Les promesses des idéalistes ont toujours abouti à des réalités exactement inverses. Les mots magiques de leurs livres, les inscriptions qu'ils mettent sur leurs banderoles, les slogans qu'ils impriment sur leurs affiches, ont un effet diabolique : ils rendent aussitôt impossible pour très longtemps ce qu'ils réclament avec tant d'insistance (...)

« Ce phénomène a commencé au temps de Jean-Jacques Rousseau, dont l'âme sensible a finalement suscité Robespierre, et, depuis, on nous en répète l'exhibition à intervalles réguliers. On vous annonce « le pain, la paix, la liberté » : cela signifie que vous verrez successivement la vie chère, la guerre et les camps de concentration. On affiche la représentation de la Défense de la Personne Humaine : ce vaudeville se termine par une purée de 60 000 Japonais réalisée en 14 secondes !... »

Maurice Bardèche
(Lettre à François Mauriac)

LES IMMORTELS PRINCIPES

Tout régime, s'il se destine aux sociétés humaines, doit tenir compte de cette réalité première : *l'homme*, l'homme tel qu'il *est*, avec ses vertus, ses imperfections, ses faiblesses, et non pas l'homme tel qu'il *devrait* être et tel que l'a idéalisé Rousseau : intrinsèquement parfait et bon.

L'homme, être doté d'une âme et d'un corps, est, par nature, imparfait et, par nature, *imperfectible*.

S'il est vrai que l'humanité progresse matériellement, on ne constate pas, au contraire, au long des millénaires de son existence, le moindre progrès moral. On pourrait même se demander si le progrès moral ne serait pas en raison inverse du progrès matériel ! C'est un fait, par exemple, que de nombreuses inventions ont été utilisées à des fins de guerre, avant de servir à des fins de paix (la poudre, l'avion, l'énergie atomique). Les moyens de communication qui, dit-on, rapprochent les hommes, leur permettent aussi de s'exterminer plus facilement. Chaque découverte, chaque invention, si elle est utilisée pour le bien, est aussi, et souvent davantage, utilisée pour le mal. Si elle est un instrument entre les mains des bons, elle l'est également entre les mains des méchants. Et personne n'osera affirmer que le nombre des premiers augmente au cours des siècles, et que le nombre des seconds diminue, ni que ce que l'on pourrait appeler la *moyenne de vertu* de l'humanité s'élève graduellement. Il est indéniable qu'il y a eu, en des ères très reculées, des sociétés beaucoup plus vertueuses que la nôtre, bien que matériellement beaucoup plus arriérées. Pour le chrétien croyant, la venue du Christ sur la Terre a racheté l'homme du péché originel, ceci sur le plan métaphysique. Mais sur le plan moral, sur le plan de la vie quotidienne et des relations humaines, deux mille ans de christianisme n'ont pas amélioré l'humanité d'un iota. Il ne serait pas difficile à un historien de prouver que les deux mille ans qui ont suivi l'avènement du Christ ont été, au moins, aussi remplis de crimes, de vices, de guerres, d'atrocités, de bassesses, que les deux milles ans qui l'ont précédé !

J'ouvre ici une parenthèse. Il résulte de ce qui précède que nos bonnes consciences démocratiques sont mal venues de se répandre en récriminations indignées contre les excès, les crimes et les atrocités commis par leurs adversaires (tandis qu'elles excusent parfaitement ceux qui sont commis au nom de la Démocratie !), parce que ceci, dit-on, est impardonnable « en plein XXe siècle ! »...

Au début de ce siècle, l'Angleterre (modèle de démocratie) trouve bon d'exterminer les Boers pour étendre sa domination sur le Transvaal. Mais, quelque trente ans plus tard, pour avoir osé conquérir l'Abyssinie, l'Italie (fasciste) est mise hors la loi, au nom du XXe siècle et de la Civilisation ! Les atrocités commises sous la Révolution françaises, avec les moyens de l'époque (guillotine, noyades de Nantes, massacres de septembre, etc.), puis, dans toute l'Europe, par les armées napoléoniennes, sont *aussi impardonnables* que celles qui ont été commises, dans les deux camps, durant la dernière guerre, avec, grâce au progrès, des moyens perfectionnés (camps de concentration, bombe atomique, etc.).

Donc les hommes, *dans leur ensemble* (je ne dis pas, bien sûr, individuellement), ne sont ni parfaits, ni bons, ni *perfectibles*.

On en conclut d'ores et déjà que s'il est un régime inapplicable aux hommes, c'est bien la Démocratie, régime essentiellement fondé sur la *bonté* intrinsèque, sur la *vertu* de l'humanité (*cf.* Rousseau, Montesquieu), comme le prouvent les « immortels principe de 89 », synthétisés eux-mêmes dans la fameuse et sacro-sainte trilogie : *Liberté, Égalité, Fraternité*.

Cependant, même si l'on admet que la Liberté, l'Égalité, la Fraternité — considérées non pas comme des objectifs concrets, accessibles, mais comme des *idéaux* « auxquels on tend sans y prétendre » (comme dit je ne sais plus quel philosophe), c'est-à-dire dont on *s'efforce de se rapprocher*, sans avoir la prétention d'y parvenir — doivent constituer l'aspiration suprême des société humaines, nous montrerons que, précisément, la Démocratie ne garantit ni la Liberté, ni l'Égalité, ni la Fraternité.

LIBERTÉ, LIBERTÉ CHÉRIE...

« *Ô Liberté, que de crimes on commet en ton nom !* », s'écriait Mme Roland, sur l'échafaud. Et ceci se passait, déjà, en 1793 : qu'aurait-elle dit si elle avait vécu à notre époque !...

Il n'empêche que, depuis le jour où nos ancêtres ont pris la

Bastille, la Liberté est incontestablement la grande divinité du culte démocratique. Démocratie et Liberté sont deux concepts indissolublement liés dans l'esprit du commun des mortels. Qu'importe si, après avoir pris la Bastille et libéré la demi-douzaine de condamnés de droit commun (1) qui s'y trouvaient encore, les champions de la Liberté se sont empressés de remplir les autres prisons de milliers de citoyens, coupables de ne pas penser comme eux !

Ainsi, dès le début, le binôme Démocratie-Liberté porte la marque de l'imposture. Marque inévitable, car l'expression *La Liberté* (Liberté avec un grand *L*) est en elle-même une imposture, une abstraction vide de tout sens et de tout-contenu, un os jeté en pâture aux masses aveugles qui, en son nom, périodiquement, se font tuer et s'entre-tuent.

Qu'est-ce, en fin de compte, que la *Liberté* ? Posez la question à brûle-pourpoint à un homme de la rue, à un ouvrier, à un paysan, ils seront fort embarrassés de vous répondre. Les plus *dégourdis* vous diront peut-être, après quelque hésitation : « La Liberté... euh... c'est la liberté de dire ceci ; c'est la liberté de faire cela »... En fait, *la* Liberté n'existe pas : il n'y a que *des* libertés, d'ailleurs souvent divergentes ou contradictoires, c'est-à-dire que l'exercice de certaines libertés s'oppose automatiquement à l'exercice des autres.

Mais, vous diront les théoriciens de la Démocratie, il est évident que, lorsque nous parlons de *Liberté*, nous employons ce terme collectif pour désigner un *ensemble de libertés* que l'on appelle *libertés politiques* ou *civiques*. Ou mieux : quand nous parlons de la *Liberté*, nous désignons la liberté que nous considérons effectivement comme la liberté essentielle,

---

1. Quatre faussaires qui s'empressèrent de disparaître sans demander leur reste ; un sadique, qui fut acclamé par la foule et qui en profita pour faire un discours à la gloire de la Liberté ; et deux fous, qui furent immédiatement enfermés à Charenton... (*Cf.* Pierre Gaxotte : *la Révolution Française.*)

fondamentale : la *liberté de pensée*, ou *liberté d'opinion*, d'où découlent successivement, comme autant de corollaires, les autres libertés : la liberté d'expression de la pensée ; la liberté de faire partager aux autres notre pensée ou notre opinion ; la liberté de réunion et d'association.

Effectivement, ce sont là les libertés que nos démocrates considèrent :
1) comme l'apanage exclusif de la Démocratie ;
2) comme une nécessité vitale et répondant, en tant que telle, aux aspirations suprêmes des peuples ;
3) comme une condition indispensable à l'épanouissement de la culture et de la civilisation.

Or nous verrons que ces trois points sont hautement contestables.

Liberté de pensée

Voilà, dira-t-on, une liberté qui n'est jamais en cause. Car il est évident que, dans le tréfonds de soi-même, chacun pense ce qu'il veut et comme il veut...

C'était peut-être vrai autrefois, ça ne l'est plus aujourd'hui, et cette fameuse liberté de pensée, dont s'enorgueillit la Démocratie, n'est que pure illusion. Car les hommes, de nos jours, quels qu'ils soient, où qu'ils soient, sont soumis, heure par heure, dans la rue, au bureau, à l'usine, à l'atelier, dans leur travail, dans leurs loisirs et dans leurs distractions, et jusque dans l'intimité de leur foyer, par l'intermédiaire de l'image, du livre, de la presse, du cinéma, de la radio, de la télévision, à l'action constante, permanente, envahissante, déclarée ou insidieuse, brutale ou sournoise, de la propagande pandémocratique. À tel point que les esprits les mieux formés, les plus solides, les plus indépendants, en sont, malgré eux et à leur insu, influencés ; quant aux autres, ils sont facilement intoxiqués, subjugués, écrasés, anéantis, vidés. Une intelligence collective, démocratique, se substitue à l'intelligence de chacun, impose ses dogmes, ses cadres de pensées, rigides, inviolables ; la *conscience universelle*, démocratique, se substitue à la conscience individuelle et c'est elle qui fixe, irrévocablement, ce qui est vrai et ce qui est faux, ce qui est bien et ce qui est mal, ce qui est beau et ce qui est laid, ce qui est légal et ce qui est criminel, ce qui est juste et ce qui est injuste, ce qui est raisonnable et ce qui est insensé. Et ce qui est vrai, ce qui est bon, ce qui est juste, ce qui est beau, c'est tout ce qui contribue à la gloire de la Démocratie. Et ce qui est faux, ce qui est mauvais, ce qui est laid, ce qui est criminel ou aberrant, c'est tout ce qui est contraire à la Démocratie.

Cette contrainte ne s'exerce pas seulement sur le plan moral, sur le plan de la propagande, sur le plan de l'esprit, elle s'exerce aussi dans la pratique, sur le plan de la vie politique. En fait, l'heureux citoyen d'une démocratie a toutes les libertés, sauf la liberté de ne pas être démocrate. Pour mettre au pas les récalcitrants, on a recours à tous les moyens légaux ou paralégaux. Et quand les moyens légaux se révèlent insuffisants, on n'hésite pas à recourir aux moyens illégaux, à l'arbitraire, à la force. Les exemples sont nombreux, à toutes les époques et dans tous les pays. Les gouvernements dits autoritaires ne tolèrent pas les attaques contre les fondements du régime ; en cela, ils ne sont que logiques avec eux-mêmes, ils ne trompent personne. La Démocratie ne le tolère pas non plus : en cela, elle se renie elle-même et n'est, à son tour, qu'une dictature déguisée, la pire, la plus ignoble, la plus dangereuse des dictatures, parce que la plus hypocrite et la plus insidieuse. Les heureux citoyens d'une démocratie sont libres, comme le condamné à mort est libre de se déplacer, les chaînes aux pieds, sur les deux mètres carrés de sa cellule...

Jean Haupt

La liberté de la presse
Liberté et Indépendance

Il ne faut pas confondre la *liberté* de la presse et l'*indépendance* de la presse. Car si, par *liberté*, on entend *indépendance*, tout le monde sait qu'il n'est pas un seul grand journal aujourd'hui, quel qu'il soit, où que ce soit, sous quelque régime que ce soit, et en démocratie moins que partout ailleurs, qui soit *libre* (c'est-à-dire indépendant). Car il n'est pas un seul grand journal qui ne soit, — je ne dis même pas entre les mains d'un parti, ce qui serait, jusqu'à un certain point, admissible, à condition que le parti soit lui-même indépendant... — mais entre les mains d'un *trust* ou d'un groupe financier qui dépend, lui-même, de Dieu sait qui. Ainsi, tandis que les lecteurs naïfs s'imaginent que ce journal exprime les opinions de journalistes conscients, honnêtes et objectifs, il exprime en réalité, d'une manière plus ou moins déclarée ou plus ou moins sournoise, les opinions et l'orientation de ce groupe financier, ou de Dieu sait qui ! Au moment même où j'écris ces lignes, il est notoire que, dans le Midi de la France, un grand journal dit " de droite ", et qui continue à passer pour un journal " de droite ", a été récemment acquis par le même groupe financier qui publie, dans la même région, un grand journal dit " de gauche "...

Ceci sans parler des pressions, également bien connues, de toutes sortes et de toutes origines (y compris gouvernementales) qui s'exercent par l'intermédiaire de la publicité (2).

---

2. Sur ces problèmes, on lira avec profit la série d'ouvrages, abondamment documentés, publiés par M. Henry Coston : « *Les Financiers qui mènent le monde* », « *La Haute Banque et les trusts* », « *L'Europe des banquiers* », « *La Haute Finance et les révolutions* », « *La République des Rothschild* », « *Partis, journaux et hommes politiques d'hier et d'aujourd'hui* », etc. (Éd. Lectures françaises, 27, rue de l'Abbé-Grégoire, Paris VI-e).

Il me semble que ce problème de l'*indépendance* de la presse est plus grave et plus important que le problème de la liberté de la presse. Mais nos démocrates ne semblent pas s'en préoccuper ; ce qu'ils veulent, c'est la liberté de la presse, c'est-à-dire le droit, pour chacun, de publier tout ce que bon lui semble, sans entraves et sans restrictions.

Nous verrons plus loin que "les libertés politiques" ne sont pas, en fin de compte, tellement importantes ni indispensables au bonheur des peuples. Mais il faut dire dès maintenant que l'exercice immodéré et incontrôlé de certaines libertés peut être hautement préjudiciable à l'intérêt national. Tel est le cas de ce que l'on appelle "la Liberté de la presse" — "la liberté de la presse" est certainement un des instruments les plus efficaces par lesquels s'exerce cette dictature sournoise de la Démocratie. Aussi voyons-nous les "démocrates" se démener comme des diables pour *imposer cette liberté* dans les rares pays où elle n'existe pas. Ils savent parfaitement que c'est là la première brèche par où s'engouffrera, irrésistible, le torrent de la subversion.

Plaidoyer pour la censure

La liberté de la presse est un thème d'une actualité permanente, et aujourd'hui plus que jamais à l'ordre du jour. C'est pourquoi j'ouvrirai ici cette parenthèse pour dire ce que j'en pense. Je pense que tout gouvernement *national*, conscient de sa mission et de ses responsabilités, a le devoir de posséder une censure, comme il possède une police. On ne va pas supprimer la police sous prétexte qu'il y a des honnêtes gens, et qu'ils sont la majorité. Car si l'on supprimait la police, tout le monde sait que les honnêtes gens seraient bien vite victimes des criminels (et des criminels, il y en aura toujours). Il en est de même de la censure : à partir du moment où n'importe qui peut écrire n'importe quoi, n'importe comment, dans n'importe quel journal, la société qui le tolère déclenche le processus de sa propre décadence et court, tôt ou tard, à sa ruine. Les partisans bien intentionnés de la liberté de la presse semblent partir du principe qu'il n'y a que des journalistes honnêtes qui n'écrivent que pour des lecteurs intelligents. Ils oublient ou ils ne veulent pas reconnaître qu'il y a (et qu'il y aura toujours) des journalistes de mauvaise foi, dont *le but délibéré, le rôle, ou la mission, est précisément de déformer la vérité*, et qui sont lus par une masse de lecteurs ignares (tout au moins politiquement), prêts à accepter comme parole d'Évangile toutes les déformations de la vérité...

Je connais bien les inconvénients de la censure et les critiques que l'on a coutume d'adresser à ce genre d'institutions. Mais à cela, je réponds :

1) Il faut toujours accueillir avec un certain scepticisme les accusations, rarement objectives et désintéressées, portées contre les institutions qui ont pour mission spécifique de défendre l'ordre, la morale et les valeurs traditionnelles de la nation ;
2) Faisant le bilan des inconvénients réels de la censure et de l'absence de censure, je pense que les seconds l'emportent considérablement sur les premiers ;
3) Tout se ramène, en fin de compte, au choix judicieux des fonctionnaires — je dirais de préférence des *magistrats* — appelés à exercer les délicates fonctions de censeurs, dont la compétence, les qualités intellectuelles et morales, devront être à la hauteur de leurs responsabilités, et dont on exigera la même discipline que l'on exige des autres fonctionnaires, c'est-à-dire qu'ils devront observer rigoureusement les instructions qui leur seront données, sans aller au-delà ni rester en-deçà. La censure serait ainsi une véritable *magistrature*. Et va-t-on supprimer la magistrature sous prétexte qu'il y a de mauvais magistrats ?

En toute sincérité, je pense que la censure doit exister, aussi large, aussi clairvoyante, aussi tolérante que possible, mais elle doit exister ; car je ne vois pas d'autre solution pratique pour mettre les pourrisseurs professionnels hors d'état de nuire. Des médecins, qui ne s'occupent que du corps, on exige de longues études, des examens, des concours ; mais des journalistes qui exercent leur action sur les esprits et sur les âmes, on n'exige rien du tout. N'importe qui peut s'emparer d'une plume et gratter du papier !...

Si la *formation* des enfants et de la jeunesse, ce qu'on appelle l'*éducation nationale*, est assurée, orientée, réglementée, contrôlée et sanctionnée par l'État, *comment* peut-on admettre que l'*information* — qui est la *formation* des citoyens en général — puisse être entièrement libre et anarchique ?

Certains — en notre époque où la *prévention* est, dans tous les domaines, à l'ordre du jour ! —, tout en reconnaissant la nécessité d'un contrôle de la presse, préconisent, non pas la censure préalable, mais un système de mesures *répressives*. À ceux-là, nous répondrons :

1) Beaucoup de journalistes et d'éditeurs sont les premiers à préférer la censure préalable qui les garantit davantage contre les surprises et l'arbitraire du Pouvoir ;
2) Les procès de presse sont toujours habituellement exploités par ceux qui y ont intérêt, et l'agitation, la publicité suscitées autour de ces procès ont souvent des effets beaucoup plus désastreux que l'article incriminé ;
3) Les adeptes de la seconde solution oublient le précepte qui dit qu'il vaut mieux prévenir que guérir, et que, lorsque le mal est fait, il est très difficile d'y remédier. Qu'importent les peines d'amende, de suspension ou de prison, si la calomnie ou le mensonge ont déjà fait leur chemin (*mentez, mentez, il en restera toujours quelque chose !*), si le doute a été lancé dans les esprits, si le ferment de la pourriture a été déposé dans les cœurs et dans les âmes ?

Quoi qu'il en soit, ce qui est absolument inadmissible, c'est que l'on ne fasse rien pour prévenir le crime, et que l'on ne fasse rien pour le punir.

Et c'est ce qui se passe pratiquement en démocratie en ce qui concerne la presse.

Car, avant de fermer cette parenthèse, je voudrais faire une dernière remarque : certains adversaires utopistes de toute censure voient la solution du problème dans la *formation* (professionnelle et morale) des journalistes et dans l'*éducation* du public... Je les envoie aux considérations que j'ai faites dans l'introduction de cet ouvrage... et à ce qui se passe en fait dans les démocraties considérées cependant comme les plus " évoluées " !

LES LIBERTÉS ACCESSOIRES ET LES LIBERTÉS ESSENTIELLES

Liberté de pensée, liberté d'opinion, liberté de presse, liberté de réunion, Liberté...

Il n'effleurerait à l'esprit de personne de se demander, ou personne n'oserait demander si ces libertés, enfin de compte, sont bien importantes. Car la conscience universelle et démocratique nous dit que non seulement elles sont importantes, mais encore qu'elles sont essentielles, vitales. Elles ne sont pas un *moyen* pour atteindre le bonheur des peuples : elles sont, en elles-mêmes, une *fin*, elles *sont* le bonheur des peuples !

Ainsi, considérez une démocratie cent pour cent authentique, où tout le monde gouverne et où personne ne gouverne ; où personne n'est responsable de rien ; où les P.T.T. fonctionnent mal ; où les lycées, les hôpitaux sont insuffisants ; où le désordre règne en permanence dans les rues : grèves, meetings, manifestations, rencontres entre police et manifestants, morts et blessés ; où la décadence gagne peu à peu (de haut en bas, conformément au proverbe qui dit que le poisson pourrit par la tête) toutes les couches de la population... Eh bien, les citoyens de cette démocratie auraient grand tort de se plaindre ! Ils doivent au contraire se considérer comme les plus heureux du monde, car ils jouissent de ce bien suprême : la Liberté ! C'est le cas, par exemple, au moment où j'écris, des citoyens de la noble démocratie italienne...

Considérons, au contraire, un de ces régimes dits *autoritaires*, où le gouvernement est *responsable* (parfois même responsable des intempéries et des tremblements de terre !), où le gouvernement gouverne, construit des routes, des ponts, des écoles, des universités, des hôpitaux ; où les finances sont équilibrées ; où règnent l'ordre, la paix, la tranquillité ; où les vertus morales et traditionnelles sont encore en honneur. Le peuple peut-il être heureux sous un tel régime ? Non ! car il lui manque la Liberté. C'est la conscience universelle qui nous le dit.

Ici je prévois une objection. On me dira : mais aucun gouvernement n'est parfait ; il y a toujours des insuffisances, voire des abus. S'il n'y a pas de liberté de critique, comment remédier aux insuffisances, et comment corriger les abus ? Le gouvernement risque ainsi de tomber dans l'arbitraire, ou dans l'immobilisme.

À cela, je réponds :

1) Un gouvernement autoritaire n'a pas intérêt — moins qu'aucun autre — à laisser grandir le mécontentement parmi le peuple. Et je dis « moins qu'aucun autre », parce que les dirigeants, qui détiennent en permanence la responsabilité du pouvoir, savent qu'ils sont rendus responsables de *tout*, de tout ce qui va bien, et surtout de tout ce qui va mal. En démocratie, au contraire, les ministres peuvent toujours rejeter les responsabilités sur leurs prédécesseurs, ou sur les députés, ou bien sur le peuple qui a élu les députés !

2) En fait, même sous les régimes les plus autoritaires, la liberté de critique existe toujours ; ce qui n'existe pas, nous l'avons

vu (pas plus d'ailleurs que dans les démocraties), c'est *la liberté d'attaquer le régime dans ses fondements.*

Or c'est précisément à cette liberté qu'aspirent, sous ces régimes, les oppositions démocratiques.

Le Dr. Franco Nogueira, ancien ministre portugais des Affaires Étrangères, a fait remarquer un jour, très judicieusement, que, sur le plan de la politique d'outre-mer, le Portugal ne pouvait faire aucune concession à l'ONU et aux organisations terroristes dites "de libération". Car si le gouvernement portugais s'engageait dans la voie des compromis, de concession en concession, il serait fatalement amené à l'abandon pur et simple de ses territoires, car *c'est cela et rien d'autre que veulent ses adversaires.*

Eh bien il en est exactement de même sur le plan de la politique intérieure ! Les opposants démocrates, sous les régimes en question, ne revendiquent pas la liberté en vue d'une critique constructive de l'*action* du régime. La "libéralisation" ne les intéresse absolument pas ! Ce qu'ils veulent, c'est la liberté totale qui leur permettra de monter à l'assaut du régime et de détruire les institutions.

Certains esprits généreux, qui n'ont probablement pas lu La Fontaine (« *Ce qu'on donne aux méchants, toujours on le regrette* ») et qui prêtent généreusement leur générosité à leurs adversaires, oublient qu'il existe deux catégories d'individus, plus dangereux les uns que les autres : les idéalistes catastrophiques, qui sont comme des enfants roses et joufflus, jouant, insouciants du danger, avec une bombe chargée ; et les professionnels de la subversion qui, généralement, agissent dans l'ombre, et se contentent de mettre la bombe entre les mains des idéalistes. Et la bombe, en l'occurrence, c'est "la Liberté."...

❧

Non ! Les libertés démocratiques ne sont pas importantes ; elles ne sont pas essentielles à la vie, ni même — je dirais plutôt *ni surtout* — au bonheur des peuples. Et c'est pourquoi elles n'intéressent, ou ne devraient intéresser, qu'une infime minorité de la population, quelques dizaines, quelques centaines, ou quelques milliers d'individus, suivant l'importance du pays : journalistes ou pseudo-journalistes, écrivains ou pseudo-écrivains, artistes plus ou moins ratés, politiciens professionnels, ambitieux, spécialistes de la pêche en eau trouble. Elles n'intéressent pas ou ne devraient pas intéresser les populations. Si elles les intéressent, c'est parce qu'on les a, pour ainsi dire, obligées à s'y intéresser. On a dit aux peuples qu'ils étaient *souverains*, qu'ils devaient *participer* au gouvernement, qu'ils devaient voter ; Alors, obéissant à leur tempérament, ils se sont pris au jeu et y ont bientôt apporté toute leur passion. Mais le fait que les peuples se passionnent et se battent pour des questions politiques ne veut pas dire qu'ils y attachent une grande importance : ne font-ils pas de même pour une partie de football ?... La "liberté", la "démocratie", ce que l'on appelle communément la "politique", est comme un vice — l'alcool, le tabac — qui a été inculqué artificiellement aux peuples, qui ne correspond pas, bien au contraire, à leurs nécessités *naturelles*, et dont ils se débarrasseront —s'il n'est pas trop tard — le jour où ils s'apercevront que le vice est mortel.

Ainsi, la liberté qui intéresse ou qui devrait intéresser le paysan, c'est la liberté de cultiver son champ, pourvu que ce champ soit bien à lui, et qu'il en retire le *juste* profit de son labeur, et qu'il puisse avoir, lui aussi, ses moments de repos et de loisir, *comme les gens de la ville*. La liberté qui intéresse ou qui devrait intéresser l'ouvrier, c'est la liberté de travailler, pourvu que le travail lui soit garanti et équitablement rémunéré. La liberté qui intéresse ou qui devrait intéresser le commerçant, c'est la liberté d'ouvrir son magasin le matin, et de ne le fermer que le soir, avec la satisfaction d'avoir fait de bonnes affaires. Or, précisément, *aucune de ces libertés n'est garantie en démocratie, car la condition essentielle de ces libertés, c'est l'ordre, la discipline, la conscience professionnelle, et que la démocratie est le règne du désordre et de l'anarchie, le triomphe de l'individualisme.* Et le gouvernement qui sera capable de garantir ces libertés — celles-ci, oui, véritablement essentielles, vitales — n'aura pas à se préoccuper des autres.

Ramalho Ortigäo, écrivain polygraphe portugais du XIXe, début de XXe siècle, a analysé avec beaucoup de perspicacité et une fine ironie, en particulier dans sa publication périodique intitulée *"As Farpas"* (*Les Banderilles*), les mœurs et la vie politique de son pays, d'abord sous la monarchie libérale et parlementaire, puis sous la République, qui, nous dit-il, doivent être mises l'une et l'autre dans le même sac. C'est à lui que j'emprunte cette phrase, quasi prophétique, si l'on songe qu'elle a dû être écrite autour de 1875 :

> « *Au milieu de la perturbation générale, des conflits, des dangers qui menacent les vies et les biens, l'égoïsme humain sacrifiera sans hésiter la Liberté. Car la Liberté, si belle soit-elle, n'est dans la vie qu'une circonstance ; l'ordre est la condition essentielle, intrinsèque de l'existence, la garantie du travail et du pain. Qui pourra calculer le nombre des libertés que nous sacrifierons à l'ordre, le jour où le désordre commencera à nous concéder le droit au pouvoir, en nous supprimant le droit au dîner ?...* »

Culture et Démocratie

Mais ici, j'entends monter vers moi les clameurs indignées de notre *intelligentsia* nationale et internationale. On me dit : et l'Esprit, qu'est-ce que vous en faites ? et la Culture et l'Art, et le Génie, et la Littérature ?...

Alors il faut, une fois pour toutes, dissiper la légende qui veut que l'Art, le Génie, la Culture, ne peuvent naître et se développer que sous les régimes dits de liberté, c'est-à-dire en démocratie, tandis que les régimes autoritaires sont synonymes d'obscurantisme, de régression et de barbarie. C'est faux, et c'est faux parce que c'est précisément le contraire ! Il suffit, pour s'en convaincre, d'avoir quelques notions d'histoire. Car l'histoire nous montre que les civilisations se sont épanouies, ont jeté leurs éclats les plus fulgurants, les plus universels et les plus durables, sous l'autorité, sous l'influence ou sous l'égide d'une puissante personnalité, et non sous ces régimes anonymes et irresponsables, sécrétant la monotonie, l'uniformité, la médiocrité, la laideur, que l'on appelle démocraties.

Je citerai seulement deux exemples dans l'Antiquité : ce que l'on appelle le siècle de Périclès, à Athènes ; et le règne d'Auguste, à Rome. Pour ce qui est du premier, on me dira : mais comment ? Athènes du temps de Périclès n'est-elle pas précisément considérée comme un modèle de démocratie ?

Il faut y regarder de plus près. Dans le « *Cours d'Histoire Jules Isaac* », classe de sixième (Hachette, éd. 1938), certainement peu suspect d'antidémocratisme, je trouve ce passage que je me permets de citer textuellement, car il me paraît très intéressant et d'une grand actualité :

> « *Dans certains pays modernes, qui sont aussi des démocraties, comme la France et l'Angleterre, le gouvernement repose sur les mêmes principes qui inspiraient Périclès. La grande différence est qu'à Athènes, les citoyens, c'est-à-dire les gens admis à jouir du maximum de droits, ne formaient qu'une petite partie de la population — environ 30 à 40 000 personnes — même pas le dixième du total.*
> « *En effet, pour être citoyen, il fallait d'abord être libre. Or Athènes, comme tous les pays de l'Antiquité, renfermait beaucoup d'esclaves (...) Certains esclaves étaient au service de l'État : agents de police, ouvriers dans les ateliers publics, dans les mines ; la plupart était au service des particuliers (...)*
> « *La population athénienne comptait aussi un certain nombre de métèques, c'est-à-dire des étrangers fixés dans le pays et qui étaient officiellement admis dans la cité, nous dirions naturalisés. Les métèques payaient un impôt en plus des charges ordinaires et*

pouvaient être recrutés comme soldats, mais ils ne prenaient aucune part au gouvernement de la cité. »

Il se peut que la démocratie athénienne ait été un modèle de démocratie, mais alors il faut avouer que nos démocraties modernes s'écartent drôlement du modèle..., ne serait-ce que pour ce qui est de la situation des "métèques" !...

Et toujours dans le même volume, cette citation de Thucydide, que je vous invite à méditer :

« Grâce à l'élévation de son caractère, à la profondeur de ses vues, à son désintéressement sans bornes, Périclès exerçait sur Athènes un incontestable ascendant (...) Ne devant son crédit qu'à des moyens honnêtes, il n'avait pas besoin de flatter les passions populaires (...) En un mot, la démocratie subsistait de nom ; mais en réalité, c'était le gouvernement du premier citoyen. »

Que « *des moyens honnêtes* », « *...pas besoin de flatter les passions populaires*, le « *gouvernement du premier citoyen* », — entendez le plus intelligent, le plus clairvoyant, le plus désintéressé, le plus intègre... Nous sommes aux antipodes de la démocratie !

Pour citer des exemples plus proches de nous, il est curieux de constater qu'il y a *un style Louis XIII, un style Louis XIV, un style Louis XVI* ; il y aura *un style empire*, et même, sous le gouvernement du Maréchal Pétain, malgré les circonstances les plus dramatiques, les plus défavorables, malgré la guerre, la défaite, l'occupation, on assistait déjà à un début de renaissance de la culture française (3)...

Mais il n'y a pas de "style 1ʳᵉ République" (ce que l'on a appelé "style Directoire" n'est en fait qu'une transition entre le style Louis XVI et le style empire, et l'on y sent déjà l'influence de la stature grandissante de Bonaparte), ni de "style IIᵐᵉ

---

3. Je conseille à mes lecteurs de consulter (s'ils peuvent se la procurer !) la belle brochure éditée en 1942 par le Ministère de l'Information : *« Nouveaux Destins de l'Intelligence Française »*.

République ", " IIIme République ", " IVme République ", ni enfin de " style Vme République " !... Et je veux voir ici une nouvelle preuve de ce que, depuis bientôt trente ans, je ne me lasse pas de répéter, à savoir que la prétendue " personnalité exceptionnelle ", la prétendue " génialité ", la prétendue " autorité ", le prétendu " ascendant " du général De Gaulle, tout cela n'est qu'une gigantesque mystification. Alors que toutes les grandes figures, que l'on a qualifiées d'autoritaires, de l'histoire moderne — Salazar, Mussolini, Hitler, Franco — ont laissé gravée dans la pierre la marque de leur passage, que restera-t-il du passage de De Gaulle ? Des ruines ! Et pourquoi ? Parce que, comme nous n'avons jamais cessé, également, de le répéter, si l'on excepte le " culte de la personnalité " poussé jusqu'à l'aberration, et en dépit du caractère présidentialiste de la Constitution, le règne gaulliste n'aura été, en fin de compte, qu'une démocratie, aussi incapable, aussi irresponsable aussi anarchique, aussi ruineuse, que les précédentes.

Toutefois, si nous laissons de côté tous ces détails, auxquels on n'attribuera peut-être qu'un caractère anecdotique, nous devons reconnaître que les grands styles, qui ont fait la splendeur de notre Civilisation occidentale, surtout dans le domaine de l'Architecture, se sont épanouis sous la Monarchie, dans des sociétés féodales ou aristocratiques, s'identifient avec ces sociétés, et meurent avec elles : nous avons le Roman, le Gothique, le Renaissance ; le Baroque... et puis, plus rien ! Si ce que l'on appelle vaguement le " style moderne " peut être identifié avec l'ère démocratique, nous devons nous demander ce qu'il en restera dans cinq cents ans ou dans mille ans...

※

N'étant pas démocrate, et par conséquent nullement sectaire, je me garderai d'exagérer et d'affirmer que *tout* est mauvais et a *toujours* été mauvais, que *tout* a *toujours* mal marché en démocratie ; que les démocraties n'ont jamais eu de période de prospérité, de splendeur ou même de gloire. Je laisse cette attitude aux démocrates, qui dénigrent *systématiquement* les régimes dits " autoritaires ", qui se refusent catégoriquement à leur reconnaître quoi que ce soit de bon ou de valable, même quand l'œuvre accomplie saute aux yeux ; même quand les démocraties ont héritée ou se sont approprié quelques-unes des idées ou des réalisations des " dictatures " abhorrées !...

Non. Je comparerai ; si vous voulez, la démocratie à une dent gâtée : elle ne vous fait pas mal, on ne la sent pas, sinon de temps à autres, ou elle manifeste sa présence par une douleur plus ou moins vive, mais passagère... jusqu'au jour où surgit la crise aiguë qui vous oblige à vous précipiter chez le dentiste pour arracher la dent ! Mais prenons une image un peu moins désagréable : la démocratie, c'est parfois comme un songe merveilleux : on rêve qu'on est léger, léger, heureux, heureux, transporté, bercé dans un nuage de bonheur !... Et puis, brusquement, le nuage crève, et vous vous réveillez dans votre lit, avec vos soucis et vos préoccupations !...

Tenez : à part, de temps à autres, quelques soubresauts (les fameuses rages de dents !), comme la France était heureuse et prospère dans les années trente, sous notre bonne vieille IIIme République ! " On vivait bien ", comme on dit. La France possédait le second empire du monde ; son prestige s'étendait jusqu'aux confins de la Terre ; sa culture rayonnait partout (et il n'y avait pas de " Ministre au Rayonnement " !) ; la langue française (la langue diplomatique !) était encore partout en honneur, au-dessus de toutes les autres ! Nous avions des écrivains, des artistes, sinon de génie, du moins de talent ; nous avions même quelques hommes d'État remarquables qui, comparés à nos politiciens actuels, font figure de géants. À tel point que je suis parfois tenté d'écrire un « plaidoyer pour la IIIme République » !...

Et où cela nous a-t-il conduit ? À septembre 1939, ou, si vous voulez, à mai 1940 ! Ce fut le réveil, la fin du beau rêve !...

Et remarquez que l'on peut en dire à peu près de même, ici encore, de la démocratie gaullienne, — à part le "beau rêve", naturellement, qui, pour tant de Français, n'a été qu'un long cauchemar.

Les gaullistes sont en effet mal venus de critiquer la IIIme République, de lui reprocher son impéritie, son incapacité, ses désordres, ses scandales, et même la défaite.

Parce que dix années de gaullisme, dix années de "prestige", de "prospérité", de "grandeur", ne nous ont pas conduits à mai 1940, mais elles nous ont conduits à mai 1968 !...

Simple question de circonstances, d'ailleurs. Car il vaut mieux ne pas se demander ce qui serait advenu si — par hypothèse — Hitler n'avait pas envahi la France-IIIme République en mai-juin 40, mais, dans les mêmes conditions, la France gaullienne en mai-juin 68... Avec cette circonstance aggravante que nos politiciens gaullistes n'auraient même pas eu la possibilité de prendre le bateau pour se réfugier à Alger, en terre française !

Égalité, Fraternité...
N'en parlons pas !

Pour terminer ce chapitre sur les "immortels principes", il nous faudrait encore parler de l'*Égalité* et de la *Fraternité*, les deux autres grandes conquêtes de la Démocratie !... Est-ce la peine ? Allons-nous enfoncer des portes ouvertes ?...

Les théoriciens de la démocratie vous diront que, lorsqu'on parle d'*égalité*, cela ne signifie pas que tous les hommes soient égaux entre eux, ce qui serait absurde, puisqu'il est évident que les hommes sont, par nature, inégaux : en force, en courage, en intelligence, en capacité de travail, etc. Cela signifie simplement l'*égalité de tous les citoyens devant la loi*, égalité de droits, c'est-à-dire qu'à égalité de circonstances, de conditions, d'aptitudes, de travail, tous les citoyens doivent jouir des mêmes salaires, des mêmes bénéfices, des mêmes biens, des mêmes privilèges.

Sans doute. Mais constatons d'abord que c'est précisément sur cette *égalité absolue* des citoyens (dont ils reconnaissent qu'elle est impraticable) que nos démocrates fondent cependant l'institution du suffrage universel.

Quant à la fameuse « égalité devant la loi », qui oserait prétendre qu'elle existe, après cent cinquante ans de démocratie ? Je crois, au contraire, que les inégalités, les injustices, les abus, sont plus criants que jamais. Partout, au degré la plus bas de la société, règne encore la misère, la misère matérielle et la misère morale, que les démocraties les plus démocratiques ne sont pas parvenues à éliminer.

Au-dessus, il est évident que les classes les plus modestes ont un niveau de vie plus élevé qu'autrefois. Mais cela est la conséquence naturelle de l'évolution, du progrès de l'humanité, et non pas de la Démocratie ! Mais surtout, il faut bien reconnaître que les distances entre les différentes classes de la société sont exactement les mêmes, sinon, parfois, plus grandes. Il y a peut-être un rapprochement, une espèce de fusionnement sur le plan des relations *purement extérieures* (et encore !), mais sur le plan des conditions matérielles d'existence, les inégalités subsistent. Il y a eu comme une espèce de translation verticale : ceux qui, autrefois, allaient à pied, vont aujourd'hui en bicyclette ou en moto ; ceux qui allaient en moto ont une " quatre chevaux " ; ceux qui auraient pu, jadis, s'offrir une "quatre chevaux" roulent aujourd'hui en "Mercédès"... Les autres possèdent un avion ou un yacht... Les gens qui, autrefois, restaient chez eux pour les vacances, ou n'avaient même pas de vacances, vont aujourd'hui sur la Côte d'Azur ; ceux qui allaient sur la Côte d'Azur vont à Capri, en Floride ou à Tahiti, et demain, ils iront dans la lune... Et comme le bonheur, pour la plupart des gens, est relatif, c'est-à-dire se mesure à ce qu'ils ont ou n'ont pas, en relation à ce que les autres ont ou n'ont pas, il en résulte que les gens ne sont pas plus heureux qu'autrefois, ils sont même beaucoup plus malheureux, car, par suite du progrès des communications (voyez, par exemple, le cinéma), ils ont connaissance de l'existence (jadis ignorée) de biens, de plaisirs, dont jouissent les autres, dont eux ne jouissent pas, et dont ils estiment qu'ils devraient, eux aussi, légitimement jouir...

Et la Fraternité ?!... C'est, sans aucun doute, la plus criante des impostures. La Fraternité, enfant chérie de la Démocratie, a été baptisée dans un bain de sang, et qui ne devait pas être le dernier ! Jamais les hommes ne se sont aussi trahis, haïs, enviés, volés, torturés, assassinés, massacrés, que depuis que la Fraternité est inscrite au fronton de nos édifices publics.

Il suffit de parcourir l'histoire des cent cinquante dernières années pour constater que la Démocratie, c'est la guerre civile endémique et permanente.

ᴥ

Liberté, Égalité, Fraternité... Autant de belles promesses, autant d'impostures.

Pourquoi cette faillite aussi retentissante ? Parce que « le système démocratique admet que la raison guide les masses, alors que celles-ci obéissent plus généralement à la passion. Or toute fiction s'expie, parce que la vérité se venge. Voilà pourquoi la Démocratie, si belle en théorie, peut conduire, dans la pratique, à d'insignes horreurs. »

La Démocratie, partant du principe que les hommes sont intrinsèquement bons et vertueux, est un régime contre nature. Or la nature violentée finit toujours par se venger. Vouloir imposer la Démocratie aux hommes, c'est vouloir tordre une barre d'acier : ou bien elle se redresse et vous revient en pleine figure, ou bien elle se brise.

Ou bien les nations occidentales renonceront à la démocratie, ou bien elles seront anéanties.

III

LE SUFFRAGE UNIVERSEL

Un homme = un vote

Témoignages

« Le suffrage, exprimant le despotisme du nombre, est la plus imbécile et la plus féroce de toutes les tyrannies...

« Ce qui me répugne, dans l'un et l'autre des deux régimes (monarchie constitutionnelle parlementaire et république parlementaire constitutionnelle), c'est l'insidieuse tyrannie du suffrage sur laquelle ils se fondent et, en conséquence, la stupide intervention des urnes dans la résolution de problèmes aussi délicatement scientifiques que celui du gouvernement des hommes...

« On a étudié cliniquement la psychologie des parlements, et Nordau a démontré, avec une exactitude algébrique, que le résultat de votes, ne peut jamais représenter qu'une opinion de médiocres. Le suffrage est l'exclusion indirecte de la supériorité... »

Ramalho Ortigão

« On ne peut "faire de politique" sans se prononcer sur des questions que nul homme sensé ne peut dire qu'il connaisse. Il faut être infiniment sot ou infiniment ignorant pour oser avoir un avis sur la plupart des problèmes que la politique pose. »

Paul Valéry

« On raconte qu'un gentleman anglais, appelé un jour à voter, se prépara scrupuleusement à remplir son devoir de citoyen.

« Durant des semaines, il prit connaissance des déclarations et des manifestes des différents candidats ; il parcourut de la première à la dernière page les journaux de toutes les tendances ; il se plongea dans la lecture d'ouvrages de philosophie politique, d'économie, de sociologie.

« Le jour des élections, son jugement dûment formé et sa décision prise, il se leva de bonne heure, se rasa de près, s'habilla avec soin, puis, muni de son chapeau melon et de son parapluie, il se dirigea vers le bureau de vote. En chemin, il rencontra son vieux concierge, déjà passablement éméché (des élections, que diable, ça s'arrose !), qui venait de jeter allègrement son bulletin dans l'urne.

« Alors notre Anglais s'en retourna à la maison et jeta, lui, son bulletin aux cabinets, estimant qu'il était inutile de voter, puisque son vote pouvait être annulé par celui d'un vieil ivrogne analphabète... »

Mario Saraiva
(*Les Piliers de la Démocratie*)

— Les premiers pas de l'homme sur la lune : quelle belle leçon d'antidémocratisme !
— Comment, Monsieur ? Mais n'est-ce pas la plus grande démocratie " in the world " qui a réussi l'exploit ?
— Précisément, Monsieur, précisément. Ses savants ne l'ont réussi qu'en mettant rigoureusement de côté tous les principes démocratiques. Voyons un peu :

a) Ils ne mettent pas aux voix qui ira sur la lune. Ils entraînent, exercent, disciplinent, conditionnent les réflexes d'individus soigneusement sélectionnés : ils choisissent les meilleurs.

b) Ils ne les laissent pas agir à leur guise : ils plient leurs initiatives à l'expérience ; ils interrogent le passé, tirent la leçon des échecs subis, s'emploient à ne pas en subir de nouveau. Ils font de l'empirisme organisateur.

c) Ils ne s'occupent pas que des conditions physiques de leurs astronautes, ni de la rigueur des calculs, ils font célébrer des services religieux à leur intention. Ils font du spiritualisme.

Ainsi, dans trois directions capitales : le choix, la formation, la motivation suprême, les savants américains tournent résolument le dos au volontarisme démocratique ; ils opèrent d'une manière classique : ils cherchent les meilleurs pour agir, les meilleures conditions pour l'expérience, les meilleures raisons pour la conduire.

N'y a-t-il pas là une leçon d'antidémocratisme flagrant ? Ce qui est bon pour aller sur la lune ne serait-il plus bon pour se conduire sur terre ?

Jacques Ploncard d'Assac
(Les jeunes ont droit à la vérité)

Un homme, un vote

C'EST précisément sur le principe de l'égalité absolue des citoyens — disions-nous au chapitre précédent —, de cette égalité absolue qui, par nature, n'existe pas et ne peut exister, que les démocrates fondent l'institution du suffrage universel. C'est le fameux principe "un homme, un vote", aujourd'hui plus que jamais en honneur, puisqu'il a été étendu aux peuplades semi-barbares de la brousse africaine, avec les résultats que l'on connaît ! Il n'est d'ailleurs pas nécessaire d'aller si loin pour en reconnaître l'absurdité. Elle saute aux yeux, si je puis dire. Cependant, au risque d'être banal et monotone, nous devons nous attarder sur ce principe, car il constitue véritablement la base de tout le système démocratique, à ses différents degrés (suffrage universel, parlement, gouvernement, chef de l'État), et il est évident que si la base est viciée ou fissurée, nous retrouverons la fissure à tous les étages de la pyramide et nous devrons conclure que la Démocratie est un édifice fragile et chancelant.

A-t-on suffisamment réfléchi à l'importance, aux conséquences incalculables de ce petit mot, un *vote* ; de ce petit geste qui consiste à déposer un bulletin dans une urne ? De ce vote dépendra, plus ou moins directement, toute l'orientation, sociale, politique, économique, morale, du gouvernement ; de ce vote dépendront les destinées d'un pays ; de ce vote dépendront la prospérité ou la ruine, dépendront la guerre ou la paix, dépendront la survivance ou la mort d'une Civilisation.

Or que voyons-nous dans cet acte d'une importance aussi capitale ? Nous voyons que le vote d'un manœuvre a exactement la même valeur que le vote d'un professeur d'université ; le vote d'un cireur de bottes la même valeur que le vote d'un membre de l'Institut ; le vote d'un cantonnier la même valeur que le vote d'un ingénieur des ponts et chaussées, et ainsi de suite. La chose est si aberrante que, dans certains pays, le droit de vote n'est tout de même pas reconnu aux illettrés (aux analphabètes comme on dit plutôt aujourd'hui), c'est-à-dire aux individus qui n'ont pas le certificat d'études primaires. Ceci me paraît parfaitement logique. Car si le Code Civil frappe les illettrés d'incapacité en ce qui concerne certains actes d'une portée, sans doute, assez limitée, comment peut-on leur reconnaître le droit de vote, avec les conséquences incalculables que j'ai signalées plus haut ?... Mais cette mesure, tout en s'efforçant de limiter les dégâts du suffrage universel, en est aussi la condamnation la plus formelle. Car si l'on reconnaît qu'entre un homme qui ne sait ni lire ni écrire, et un homme possédant les vestiges de "culture" que lui confère le certificat d'études, la différence est telle qu'elle justifie que l'on refuse au premier le droit de vote qui est reconnu au second, comment peut-on admettre que celui-ci ait précisément le même droit de vote qu'un agrégé de sciences ?!... Pour rester dans la logique, si l'on admet que le titulaire du certificat d'études a droit à un vote, il faudrait accorder 10 votes au bachelier, 20 votes au licencié, 50 votes à l'agrégé, et ainsi de suite ! Cependant, outre que ce système est, évidemment, impraticable, outre qu'il serait, évidemment, contraire à l'orthodoxie démocratique, il ne résoudrait en rien le problème.

En effet, l'instruction n'est pas la seule condition que l'on est en droit d'exiger d'un bon citoyen. Ainsi, poursuivant notre analyse, nous constaterons, par exemple, que : le vote d'un célibataire a exactement la même valeur que le vote d'un père de douze enfants, ce qui est injuste et anormal ; le vote d'un individu, qui se désintéresse totalement de la politique et qui se contente de déposer son bulletin dans l'urne une fois tous les quatre ans, a la même valeur que le vote d'un historien, d'un sociologue, d'un économiste, d'un spécialiste de la politique qui s'est voué à l'étude des systèmes et des théories, de Karl Marx à Charles Maurras ; le vote, enfin, d'un savant, qui passe ses jours et ses nuits penché sur un microscope, a la même valeur que le vote du débauché qui passe les nuits dans les cabarets et les jours dans son lit...

La majorité infaillible

La politique est, dans le sens propre du terme (propre à tous les points de vue !), l'art, ou plutôt la science de gouverner les nations. Science plus difficile, plus compliquée (sans parler des écrasantes responsabilités qui lui sont inhérentes) que toutes les autres, parce qu'elle présuppose, en vérité, la connaissance de toutes les autres. Cette mission complexe et délicate qu'est le gouvernement d'une nation implique la collaboration de l'historien, du géographe, du juriste, de l'économiste, du philosophe, du pédagogue, du moraliste. Comment admettre qu'un balayeur de rue ou qu'une marchande de poisson puisse, par son vote, y avoir une intervention. Ou comment admettre que l'avocat, par son vote, puisse intervenir dans le domaine du médecin, et réciproquement ? Le professeur de lettres dans le domaine vétérinaire ? L'officier de marine dans le domaine de l'ingénieur agronome ?... C'est comme si les passagers d'un avion, qui n'auraient jamais vu un bouton de commande, se mêlaient de donner des conseils au pilote, ou mieux, de désigner aux voix, parmi eux, celui qui doit prendre la place du pilote !

Et que l'on ne dise pas que la comparaison est exagérée : n'est-ce pas très précisément ce qui se passe dans les démocraties les plus orthodoxes ?

Ici, cependant, les champions de la démocratie ont leur théorie, bien à eux. Ils vous diront : ce qui compte, ce n'est pas le vote individuel de chaque citoyen ; mais bien le vote de la *majorité*. En fait, à côté du principe *un homme, un vote*, le principe de la majorité est à la base du suffrage universel, et, par conséquent, de la démocratie. Nous devons donc l'examiner un peu en détail.

Pour les démocrates, la *majorité* n'est pas la simple adjonction d'un certain nombre de votes, d'un certain nombre d'individus. Non, pour eux, la *majorité* est une entité, différente des parcelles qui la constituent, dotée d'une personnalité propre et de qualités *sui generis*, dont la principale et la plus remarquable est celle-ci : la *majorité* est infaillible ; la *majorité* ne se trompe jamais ; la *majorité* a toujours raison ! Réciproquement, la minorité, du simple fait qu'elle est *minorité*, a toujours tort. Cette théorie est si manifestement absurde qu'il faut se demander comment elle peut être aujourd'hui aussi facilement et aussi universellement admise. Car c'est un fait que, du Président de la République au Président des Anciens Élèves du Collège de St. Quentin, de l'Assemblée Nationale à l'Association des Joueurs de Boules de Cucuron, tout se fait par élection, tout se décide " à la majorité ". L'explication en est que, partant du principe qu'une *vérité concrète*, ou *scientifique*, est admise et reconnue par tous les gens sensés et honnêtes, on a voulu appliquer le même principe aux *convictions politiques*, qui ne sont rien moins que concrètes ou scientifiques. Si, par exemple, 999 personnes affirment que la neige est blanche et que le charbon est noir, et si une personne affirme le contraire, c'est évidemment 999 personnes qui ont raison, tandis que la millième est folle, fantaisiste, ou de mauvaise foi. Donc, si 999 personnes disent qu'il faut abandonner l'Algérie, et si une seule dit que l'Algérie doit rester française, ce sont les 999 qui ont raison !... On a vu le résultat : l'Algérie basculant dans le camp des Soviets, des bases soviétiques en Afrique du Nord, la flotte russe en Méditerranée, l'Europe de l'Occident encerclée par le Sud. Et comment les 999 personnes en question, comment la *majorité* aurait-elle pu prévoir ces conséquences ?...

Poussons notre analyse un peu plus à fond.

On peut, schématiquement, réduire à trois les qualités qui constituent le mérite d'un individu : l'intelligence, la culture, les qualités morales (bonté, honnêteté, travail, volonté, courage, etc.)

Or, considérant l'ensemble des individus dont se compose une nation, il est bien évident qu'*au fur et à mesure* que s'accroît *le degré de ces qualités diminue le nombre des individus qui les possèdent*. Au fur et à mesure que s'accroît le degré d'intelligence, le nombre des individus dotés de cette intelligence est de plus en plus réduit, et le nombre des individus "supérieurement intelligents" est, nécessairement, très réduit : il constitue une *minorité*. Au fur et à mesure qu'augmente le degré de culture va diminuant le nombre d'individus qui possèdent cette culture, et le nombre des individus *très cultivés* est, évidemment, une minorité. De même enfin, le nombre des individus très bons, très courageux, très généreux, etc., sera également une *minorité*.

Et que dire des individus *à la fois* très intelligents, très cultivés, très bons, très honnêtes, très courageux, etc. ? Ils sont, naturellement, une *infime minorité*, ils sont précisément ce que l'on appelle l'*élite*.

Dans ces conditions, l'opinion de la majorité sera généralement (à part quelques exceptions dont nous nous occuperons plus loin), et dans l'hypothèse la plus favorable, l'opinion de la *médiocrité*, dans le sens littéral du terme, c'est-à-dire une opinion *moyenne*, où l'influence des plus mauvais sera, tout au plus, tempérée, atténuée, par l'influence des meilleurs. Si l'on mélange du vin ordinaire avec du bon vin, le vin ordinaire en sera peut-être amélioré, mais le bon vin n'en sera jamais meilleur !

Cette *moyenne* satisfait pleinement les démocrates. Nous, nous ne saurions nous en contenter ; et c'est pourquoi, à la *médiocrité* de la majorité, nous opposons, et nous préférons, la *perfection* de l'élite.

Reprenons, car il est significatif, l'exemple de l'Algérie : il y avait, sans doute, dans la majorité qui a voté l'abandon, des gens qui étaient parfaitement conscients des conséquences de cet abandon ; mais ceux-là n'avaient pas les *qualités morales* nécessaires pour rejeter *la solution de facilité* et opter pour la solution du *sacrifice*, même sachant que ce sacrifice, limité et momentané, permettrait d'éviter, à long terme, des conséquences beaucoup plus graves, et, sans doute, des sacrifices incomparablement plus douloureux ! Ainsi donc, le vote de la *majorité* a bien été, et dans tous les domaines (intellectuel et moral), le vote de la *médiocrité*.

LA GUERRE CIVILE LÉGALISÉE

Et nous n'avons pas parlé, dans cette critique du suffrage universel, de ce que l'on appelle en démocratie la *campagne électorale*, avec son gaspillage de temps, d'argent et d'énergies ; avec ses déchaînements de passions, de haines et de bas instincts, ses désordres et ses tumultes, véritable guerre civile légalisée, mieux, *institutionnalisée*, préjudiciable aux intérêts supérieurs du pays, et négation même de ce qui pourrait être une authentique démocratie. En effet :

> « *Les véritables convictions politiques ne s'acquièrent ni ne se perdent dans les harangues des comices électoraux ; elles naissent d'une étude profonde et méditée. Les discours électoraux, avec leurs phrases et leurs gestes de théâtre, entraînent des votants, mais ne créent pas de convictions. Leur champ d'action est la masse électorale, sans opinion formée, extrêmement impressionnable et volage, en raison de son manque total ou quasi total de préparation politique* (4). »

---

4. Màrio Saraiva : *Os Pilares da Democracia* (Les Piliers de la démocratie),

Encore les harangues, les proclamations, les professions de foi électorales, même vides de contenu, ne sont-elles pas ce qu'il y a de plus navrant ? Je ne connais pas, quant à moi, de pire insulte à l'intelligence et à la dignité de ce qu'on appelle l'électeur, que de penser qu'il pourra se déterminer par le plus ou moins grand nombre de fois qu'il aura vu griffonnés sur les murs, sur les trottoirs ou sur les routes, un poing levé, une faucille et un marteau, une croix de Lorraine, ou de simples injonctions comme « *Votez Dupont !* », « *Votez Durand !* », « *Oui !* », « *Non !* »... Le chien à qui l'on dit : « Saute, Médor ! », et qui saute, fait preuve de plus d'intelligence et de plus de réflexion que l'électeur à qui l'on dit : « Votez Tartampion ! », et qui vote.

Avant de terminer ce chapitre, il me faut répondre à quelques objections. On me dira : mais si le suffrage universel, avec ses deux principes — *un homme, un vote* et principe de *majorité* — est illogique dans ses fondements et néfaste dans ses conséquences, si le vote de la majorité est effectivement le vote de la médiocrité, comment expliquer que les nations puissent supporter si longtemps un tel régime, comment expliquer qu'elles n'aient pas été précipitées encore dans la décadence et dans la ruine ? Et n'est-il pas vrai que le vote de la majorité n'est pas *systématiquement* le pire, du point de vue qui nous intéresse, naturellement, c'est-à-dire du point de vue de l'intérêt national ? Et n'est-il pas vrai que du suffrage sont sortis parfois des hommes de valeur, des hommes *supérieurs*, ce qui est apparemment en contradiction flagrante avec votre théorie *majorité = médiocrité* ?

Tout cela est vrai, sans doute, et l'objection mérite qu'on s'y attarde. Les réponses sont innombrables ; nous essaierons de les formuler le plus succinctement et le plus systématiquement possible.

Livraria Clàssica Editora, Lisboa, 1949

1) D'abord, je dirai que la décadence existe, effectivement, et ne passe pas inaperçue aux yeux des plus clairvoyants. Seulement, une civilisation est très lente à mourir ; son agonie se prolonge généralement sur plusieurs siècles, et cette lenteur même fait que les hommes qui, durant leur courte vie, ne connaissent qu'une phase de cette agonie (et marquée, d'ailleurs, par des soubresauts, des réactions, des tentatives de résistance, de redressement, de renaissance, plus ou moins profondes et plus ou moins prolongées), ne s'en aperçoivent pas, pour la plupart, et cela d'autant moins que la conscience universelle est là pour les persuader que les phosphorescences de la putréfaction sont en réalité les splendeurs du renouveau ! On nous dit en effet : c'est vous qui avez tort ; c'est vous qui ne savez pas évoluer avec votre temps et vivre avec votre époque ; ce que vous appelez des symptômes de décadence ne sont qu'une modification ou qu'un renouvellement de valeurs ; et qui vous prouve que ce sont vos valeurs qui étaient justes et saines et que ce sont les nôtres qui sont fausses et décadentes ? À cela, je réponds tout d'abord par un argument de la raison : si vos valeurs visent précisément la négation et la ruine de tout ce qui a constitué les fondements de nos sociétés traditionnelles, il se peut qu'elles conduisent à une autre société, à une autre civilisation, mais qui ne seront précisément pas les nôtres ! Et j'y ajoute un argument de l'Histoire : ces symptômes de décadence que nous dénonçons sont *exactement* les mêmes qui ont marqué la décadence de *toutes* les civilisations. Alors, pouvons-nous admettre, uniquement parce qu'il s'agit de nous, que ce qui a été de tout temps et partout signe de décadence et de mort, soit aujourd'hui signe de splendeur et de renouveau ?...

Il est certain toutefois que nos peuples de l'Occident sont comme ces forêts qui ont été en proie à toutes les fureurs de la destruction : aux intempéries, aux maladies, aux insectes, aux incendies. Mais, çà et là, se dressent quelques troncs, droits et robustes, où, sous l'écorce calcinée, la sève continue de couler, saine et vivace, et qui sont prêts à reverdir, aux premiers beaux jours, à pousser de nouveaux bourgeons, de nouvelles feuilles et de nouveaux rameaux. L'essentiel, c'est d'empêcher que ces troncs ne soient déracinés ; la démocratie s'acharne à les déraciner, et c'est pourquoi nous sommes antidémocrates.

2) Les résultats du suffrage ne sont pas toujours catastrophiques, ne sont pas toujours les plus préjudiciables à l'intérêt national, ne portent pas toujours au pouvoir les hommes les plus incapables. C'est certain, et la preuve en est que l'on a vu, chez un même peuple, la majorité se manifester, en l'espace de quelques années, de quelques mois, ou même de quelques semaines, dans des sens diamétralement opposés. On peut même considérer comme une marque caractéristique de la plupart des démocraties ces mouvements quasi pendulaires qui, alternativement, à des intervalles de temps plus ou moins réguliers, portent au pouvoir des hommes et des partis opposés. Ce phénomène, qui condamne le suffrage universel, est en même temps, il faut le reconnaître, un garde-fou de la démocratie, un frein qui ralentit tant soit peu l'accélération de la décadence. En effet, si nous n'admettons pas que les peuples puissent intervenir dans l'*action*, dans les décisions, dans l'orientation du gouvernement, il faut admettre qu'ils sont capables de juger les *résultats* de cette action, de ces décisions, de ces orientations, ou, sinon de les juger, du moins de les *sentir*, surtout quand ces résultats affectent leurs aises, leur bien-être et leurs intérêts matériels. D'où leurs réactions, tantôt lentes, tantôt brusques, mais toujours momentanées. Car les peuples (tous les peuples) ont la mémoire courte et sont, par nature, versatiles. C'est pourquoi, invariablement, ils finissent par retomber dans

l'ornière d'où ils avaient eu un moment la velléité de sortir. Il est rare, en effet, — pour les raisons que nous avons mentionnées dans l'introduction de cette étude — que le peuples sachent tirer l'ultime conséquence de leurs déboires, à savoir que, *pour sortir de l'ornière, il faut sortir de la démocratie !*...

3) Je voudrais maintenant formuler un théorème, presque un axiome :

« *Les effets de la démocratie seront d'autant moins désastreux que le régime sera moins démocratique* »

et son corollaire :

« *Un peuple subira d'autant moins les effets désastreux de la démocratie qu'il sera moins " démocratisé ", ou, si l'on veut, qu'il sera moins " politisé "* ».

En bonne logique démocratique, nous serions enclins à penser que c'est chez les peuples dotés des plus vieilles et des plus authentiques traditions démocratiques que la démocratie fonctionne dans les conditions les plus parfaites et porte ses plus beaux fruits ; que l'exercice prolongé de la démocratie développe progressivement chez ces peuples les plus hautes et les plus nobles vertus civiques : l'amour de la patrie, l'esprit de sacrifice, l'ordre, la discipline, le bon sens, la tolérance, l'objectivité, le sens des responsabilités...

Or il suffit de regarder autour de nous pour constater que c'est précisément le contraire ! Veut-on condamnation plus formelle de la démocratie ? Et cela est si vrai, et les méfaits de la démocratie finissent par devenir si évidents, et si intolérables, qu'un peu partout aujourd'hui se manifeste la même tendance : pour limiter les dégâts de la démocratie, on limite la démocratie, parfois jusque dans ses fondements et dans ses principes essentiels, et si nous tirions les dernières conséquences des proclamations alarmées de représentants, parmi les plus éminents, de la démocratie européenne, il nous faudrait conclure que, pour "sauver la démocratie", il faut supprimer la démocratie !... Les modifications, les entorses, les limitations, les réformes, portent sur tous les étages de la pyramide démocratique : sur les fonctions et les prérogatives du Chef de l'État ; sur l'exercice du pouvoir exécutif ; sur la compétence du parlement ; enfin — c'est ce qui nous intéresse dans le présent chapitre — sur l'institution du suffrage universel.

Les limitations que l'on apporte à l'exercice du suffrage universel (et parallèlement à l'éligibilité des candidats) sont très diverses : elles peuvent viser l'âge, le sexe, le degré d'instruction, la profession, l'idonéité morale des électeurs et des candidats, les normes, la durée, l'étendue, les modalités de la campagne électorale, et il est avéré que plus les limitations sont rigoureuses, plus la campagne et les élections (en admettant que les élections soient indispensables) se dérouleront dans l'ordre, dans le calme, dans la dignité.

Démontrer le théorème, c'est démontrer son corollaire. Car s'il est reconnu que l'exercice prolongé de la démocratie conduit à l'avilissement inévitable de toutes les vertus civiques, il est évident que ce sont les peuples qui —pour en avoir été préservés durant de longues dizaines d'années — échappent encore à l'emprise néfaste de la démocratie, les peuples qui, par conséquent, conservent encore intactes les vertus civiques dont je parlais tout à l'heure — le sens de l'honneur et de l'intérêt national, l'esprit de discipline et de sacrifice, le goût du travail, et du travail bien fait, etc. -, les peuples qui ont été jusqu'ici tenus à l'écart des passions politiques, des ambitions, des chantages, des marchandages, de la démagogie, ce sont ces peuples, dis-je, qui, appelés un jour à faire usage des prérogatives démocratiques, le feront avec le plus de bon sens, le plus de dignité, et le moins de dommages...

Une première conclusion s'impose : c'est que — étant donné la tendance générale dont nous avons parlé plus haut — loin d'être "arriérés", comme on voudrait nous le faire croire, ces peuples sont, au contraire, à l'avant-garde des autres ; ils serviront bientôt, ils ont déjà servi, d'exemple et de modèle. Ce serait donc folie que de vouloir, à tout prix, les politiser, les démocratiser ! Ce serait comme obliger à fumer quelqu'un qui n'a jamais fumé. Car la démocratie est un vice, comme l'alcool et le tabac : très vite on y prend goût et très vite, on en abuse !

La Pandémocratie et ses tentacules

La seconde conclusion est donc que ces peuples devront être préservés, par tous les moyens, des influences délétères de la pandémocratie internationale. Mais pour cela, il ne suffit pas de prendre des précautions et d'élever des barrières sur le plan strictement politique. La pandémocratie est une pieuvre aux multiples tentacules. Coupez le tentacule de la subversion politique, elle poussera insidieusement ses tentacules dans tous les autres domaines, à tel point que, le jour où l'on s'aperçoit que les peuples sont prisonniers, suffoqués, étouffés dans ses bras innombrables, il est trop tard pour réagir. Fermez à la subversion démocratique la porte des parlements et des gouvernements, elle pénétrera dans les universités, dans les librairies, dans les associations dites récréatives ou culturelles, dans les salles de spectacles, dans les studios de radio et de télévision, et jusque dans les églises. Pour cela, elle ne manquera pas d'évoquer à grands cris le droit sacré à la tolérance et à la liberté, surtout dans les domaines de l'Art et de la Littérature. Car, pour la conscience universelle et démocratique, il n'est pas de crime plus monstrueux et plus impardonnable que la moindre atteinte portée à la " liberté d'expression artistique et littéraire ", même quand cette liberté est la liberté de produire des insanités, la liberté de tout corrompre et de tout avilir.

IV

**LES PARTIS
CONTRE LA NATION**

Témoignages

« L'improbité, l'incapacité et l'incompétence résultant de la décomposition démocratique progressive, ont enlevé au terme "république" son sens littéral et primitif de "chose publique" pour en faire la propriété exclusive d'une oligarchie de professionnels ambitieux, turbulents et insatiables. »

Ramalho Ortigão

« L'esprit de parti corrompt ou avilit le pouvoir, déforme la vision des problèmes du gouvernement, sacrifie l'ordre naturel des solutions, se superpose à l'intérêt national, entrave — quand il ne s'y oppose pas formellement — l'utilisation des hommes de valeur au service de la collectivité.

« Nous avons toujours écarté l'idée partisane, position idéologico-politique qui déformerait à nos yeux l'image de la nation ; qui nous empêcherait de poursuivre l'intérêt de la Nation là où nous le trouverions, tel que nous le verrions, sous ses formes momentanément possibles, sans que nous ayons la préoccupation gênante et absorbante de conserver sans cesse un crédit politique au sein de la majorité, autrement dit le vote du parti...

« Nous nous sommes proposé d'éliminer le régime des partis, convaincus que l'organisation partisane, avec ses luttes et ses incompatibilités, ses intérêts et ses influences, ne nous avait apporté que la paralysie de l'État et l'instabilité gouvernementale, une contrefaçon de la représentation nationale, un ferment de guerre civile...

« La Nation tend instinctivement à l'union ; les partis tendent à la division... »

Salazar

« Le gouvernement des partis compartimente, claquemure, parque en étroites catégories sans issues, des hommes destinés pourtant à vivre et à périr ensemble.

« La France est déchirée parce que ceux qui la gouvernent ne sont pas des hommes d'État, mais des hommes de partis. Honnêtes, ils ne songent qu'au bien d'un parti ; malhonnêtes, à remplir leurs poches. Les uns et les autres sont les ennemis de la France. La France n'est pas un parti. »

Charles Maurras

« Les partis doivent disparaître. Personne n'est jamais né membre d'un parti politique ; par contre, nous sommes nés membres d'une famille ; nous sommes tous voisins dans une même municipalité ; nous peinons tous dans l'exercice d'un travail. Or, si ce sont là nos unités naturelles, si la famille, la municipalité et la corporation sont les cadres dans lesquels nous vivons, pourquoi aurions-nous besoin de l'instrument intermédiaire et pernicieux des partis qui, pour nous unir en des groupements artificiels commencent par nous désunir dans nos réalités authentiques ? »

José António Primo de Rivera

Les piliers de la Démocratie

Dans toute démocratie authentique, c'est-à-dire dûment reconnue et approuvée par la conscience universelle, les partis sont le complément logique, indispensable, du suffrage universel.

On peut admettre un suffrage sans partis ; un suffrage où le choix des électeurs porterait sur les qualités intrinsèques des candidats : intelligence, compétence, honnêteté, capacité de travail, d'organisation, de réalisation, etc., et non pas sur une étiquette, ou sur des sigles (S.F.I.O., P.S.U., U.D.R. !) ; mais ce ne serait pas un suffrage démocratique.

On peut admettre un parlement sans partis ; un parlement où les députés, élus comme nous venons de le dire, mettraient leur intelligence, leur capacité, leur compétence, leur labeur, au service de la nation, s'attacheraient, dans le recueillement, à l'étude, à la discussion et à l'élaboration des lois, aideraient le gouvernement de leurs critiques et de leurs suggestions, au lieu de battre leur pupitre, ou de se lancer des insultes ou des encriers à la figure ; mais ce ne serait pas un parlement démocratique.

On peut admettre un gouvernement sans partis ; un gouvernement dont les ministres seraient choisis parmi les meilleurs entre les meilleurs et s'efforceraient de gouverner dans l'intérêt général du pays, au lieu d'un gouvernement dont la composition n'est que le résultat d'un " dosage " savant, complexe et souvent laborieux entre les partis (ou les factions) de ce que l'on appelle " la majorité ", et qui gouverne avec la préoccupation dominante de conserver cette majorité ; mais ce ne serait pas un gouvernement démocratique.

On peut admettre enfin un Chef de l'État qui ne serait pas l'élu d'un parti, mais le digne représentant de la Nation, admis et respecté par tous les citoyens ; mais ce ne serait pas un chef d'État démocratique.

Les partis sont donc la caractéristique essentielle, fondamentale, indispensable, de la démocratie ; ils en sont la base, les piliers, la pièce maîtresse, l'élément moteur. Supprimez les partis, il n'y a plus de démocratie. Institution fondamentale de la démocratie, les partis en sont aussi (je dirai, en sont, par conséquent), du point de vue de l'intérêt national, l'institution la plus nocive, la plus illogique, la plus aberrante, la plus inadmissible. C'est pourquoi il vaut la peine de nous y attarder un peu, dans ce procès de la démocratie.

Une machine à fabriquer des députés

Quand on veut juger de l'utilité et de la valeur d'une institution, il faut se demander en premier lieu à quoi elle sert. À quoi servent donc les partis ? À former la conscience politique et civique des citoyens ? À les préparer à servir le pays en accord avec leurs convictions les plus profondes, conformément à leur conception intime de l'intérêt national ? Bien sûr que non ! Le but essentiel, je dirai presque exclusif, du parti, est de présenter ses candidats aux innombrables élections qui jalonnent l'existence politique d'une démocratie : des élections municipales à l'élection du Chef de l'État, en passant par les élections législatives ; de désigner les candidatures, de préparer et de mener la campagne électorale. Le parti est le tremplin dont se servent les professionnels de la politique pour se lancer dans la carrière. Les différents partis nous apparaissent comme des firmes concurrentes qui, suivant les aptitudes de la matière première (le candidat), suivant le degré de perfectionnement de leurs procédés de production, suivant les goûts actuels des consommateurs, et aussi suivant le volume des fonds qu'elles peuvent affecter à leurs campagnes publicitaires, sont à même de vous fabriquer un plus ou moins grand nombre de députés, voire de ministres, et même, éventuellement, un chef de l'État.

Il en résulte que le parti est la marmite où se mijotent toutes les combines, toutes les tractations, tous les compromis, tous les chantages et tous les marchandages inhérents au régime démocratique en général et au suffrage en particulier.

C'est pourquoi, et pour commencer, un gouvernement simplement honnête a le devoir de supprimer ou d'interdire les partis, pour une simple question de propreté, d'hygiène et de salubrité publiques.

Jean Haupt

La guerre civile endémique

Toute société, pour être saine, forte et prospère, doit être une société unie. Il en est ainsi de la famille, il en est ainsi de l'entreprise, il en est ainsi de la nation.

Or l'existence de partis multiples, avec leurs comités, leurs journaux, leurs tracts, leurs *meetings*, leurs congrès, leurs défilés, leurs manifestations, entretiennent dans le pays, dans la rue, au bureau, à l'usine et parfois jusqu'au sein de familles, un état endémique d'agitation, de division, d'hostilité, de haine, qui, dans les périodes de campagne électorale — comme nous l'avons vu au chapitre précédent — se transforme en crises aiguës, en poussées de fièvre, en une explosion de passions exacerbées. Les partis sont un ferment de guerre civile.

Quoi qu'il en soit, il est évident que cette division, plus ou moins factice et inutile, des citoyens en de multiples factions plus ou moins étanches et hostiles, division qui se répercute dans l'enceinte des parlements, et même au sein des gouvernements, ne saurait être propice à la bonne conduite des affaires du pays, à la sauvegarde de l'intérêt national. Et c'est si vrai que, dans les moments de crise grave, où l'existence du pays est menacée, en particulier en temps de guerre, les gouvernements de nos démocraties, généralement investis, pour la circonstance, de ce que l'on appelle "les pleins pouvoirs", c'est-à-dire, en fait, transformés en dictatures ! — proclament la "Patrie en danger", invitent les citoyens à "surmonter leurs querelles partisanes" et lancent des appels angoissés à "l'union sacrée" !

Mais qu'est-ce donc que ce régime qui n'est capable de gouverner que lorsque tout va bien ? Et qui, dans les moments de crise, c'est-à-dire précisément quand il lui faudrait prouver sa capacité et son efficacité, est obligé de se renier lui-même ?!

Et s'imagine-t-on que les travaux de la paix sont moins importants, moins ardus et moins difficiles que les travaux de la guerre, et que si les partis, et les divisions qu'ils engendrent, sont néfastes en temps de guerre, ils sont salutaires en temps de paix ?!...

Réquisitoire contre le droit de grève

La division, la désunion, les conflits, la guerre civile, nous les retrouvons dans tous les domaines, sur tous les plans, au sein de toutes les institutions du régime démocratique. *La démocratie, c'est la guerre civile.*

Guerre civile sur le plan politique, et guerre civile sur le plan social.

Non contente d'inventer les partis, la démocratie a inventé les syndicats. Et elle a inventé cette monstruosité qui s'appelle le droit de grève.

Quand les historiens futurs se pencheront avec curiosité sur les aberrations de notre époque, causes de la décadence — je voudrais pouvoir ne pas dire encore de la ruine — de l'Occident (les peuples de l'Europe s'entretuant en de successives et authentiques guerres civiles ; les empires occidentaux détruits de la main même de ceux qui avaient pour mission de les conserver ; les positions stratégiques abandonnées sans combat aux mains des adversaires ; les vainqueurs capitulant devant les vaincus ; les défaites érigées en victoires ; les terroristes et les assassins promus au rang de chef d'État et d'interlocuteurs valables), parmi toutes ces aberrations, dis-je, il en est une, et non des moindres, qui les plongera dans la stupéfaction, à savoir qu'en pleine moitié du XXe siècle le droit de grève ait pu être inscrit, comme une conquête sociale intangible, dans la constitution de nations dites évoluées !

La grève est illégale. *Un des principes fondamentaux du droit des communautés civilisées est qu'aucun individu, ou groupe d'individus, n'a le droit de se faire justice par ses propres moyens. Il existe pour cela des tribunaux dont la sentence est définitive et obligatoire. Si le tribunal décide que ce champ est à mon voisin, je n'ai pas le droit de m'en emparer par la force, ni d'obliger mon voisin, par une pression quelconque, à me le céder. Or la grève, n'est-ce pas cela ? Il existe des tribunaux du travail, pourquoi seules leurs sentences peuvent-elles être mises en question ? Admettre le droit de grève, c'est ériger l'illégalité en légalité, c'est revenir à la loi de Lynch, c'est revenir aux mœurs du Far West, quand le shérif était incapable d'imposer la justice et l'autorité.*

Sanctionner dans la loi *le droit de grève*, c'est exactement la même chose que de sanctionner le droit à la révolution !...

La grève est immorale et injuste. *La grève, avons-nous dit, est une manière de se faire justice par ses propres moyens. Mais quels moyens ? Les plus vils, les plus ignobles et les plus injustes : la violence et le chantage, un chantage qui ne s'exerce pas seulement directement sur l'employeur, mais qui affecte encore et surtout, indirectement, des catégories de la population qui, le plus souvent, n'y sont absolument pour rien. Et que dire lorsque la grève atteint jusqu'au corps enseignant, jusqu'au corps médical ? ! Pauvre société que celle où les maîtres et les médecins oublient qu'ils n'exercent pas seulement un métier, mais encore une mission !*

La grève est anormale et illogique. *De deux choses l'une : ou bien les revendications des grévistes sont justes et (car cela ne suffit évidemment pas) peuvent être satisfaites sans péril pour l'économie de l'entreprise et du pays, et alors, dans un État bien organisé, la grève n'a pas de raison d'être et ces revendications doivent être satisfaites ; ou bien les revendications sont injustes, ou ne peuvent être satisfaites, et alors la grève ne peut être tolérée. Quoi qu'il en soit, la grève est une situation anormale, un état d'émeute, de révolte, de rébellion ; elle ne peut donc être érigée en un droit.*

La grève est antisociale et inhumaine. *Il est bien connu qu'en cas de grève, ce sont presque toujours les classes les moins favorisées de la société qui souffrent le plus ; tel est le cas, par exemple, de la grève des transports : les gens riches ont leur voiture ; tandis que les gens modestes ou pauvres sont obligés de se déplacer à pied pour aller à leur travail ou à leurs occupations, ou bien même ne peuvent se déplacer du tout. Il en résulte des préjudices et des drames individuels — je l'ai vu — extrêmement douloureux.*

La grève est antinationale. *Toute grève se traduit par une baisse de la production ou des services, et donc, en fin de compte, par une perte pour l'économie nationale ; celle-ci est même directement affectée quand la grève atteint les fonctionnaires, ou bien les travailleurs d'entreprises nationalisées, ou bien encore les services du tourisme : on a pu voir, dans ce cas, des courants de touristes se détourner massivement vers des pays étrangers. Et quand la grève affecte la défense nationale elle-même, on peut dire qu'elle touche aux limites de la trahison.*

Le Dr. Salazar a dit un jour :

« *Un gouvernement qui n'intervient pas pour remplir son devoir primordial : garantir la sécurité et la vie des populations et l'intégrité du territoire national, ce gouvernement perd toute légitimité et sa propre raison d'être.* »

Je dirai qu'un gouvernement qui n'est pas capable de garantir la justice, l'harmonie et la paix entre les différentes classes de la Nation perd toute légitimité et sa propre raison d'être... Telle est la démocratie.

LES PARTIS SCISSIPARES

Les divisions, les rivalités, les haines, les conflits, ne dressent pas seulement les partis les uns contre les autres, ils sévissent également à l'intérieur même des partis. Chaque parti — espèce de microdémocratie — a, pour le moins, son centre, sa droite, sa gauche, son extrême droite et son extrême gauche, chacune avec son *leader* et ses adeptes, parfois aussi enthousiastes, aussi fanatiques et intolérants que s'il s'agissait de partis opposés ! L'exemple le plus typique en est peut-être la "Démocratie chrétienne" italienne, avec ses innombrables "courants" aux désignations plus ou moins pittoresques. Et quand les divergences, les intérêts, les haines, les ambitions, au sein d'un même parti deviennent inconciliables, alors le parti se divise et donne naissance, par scissiparité, à autant de nouveaux partis, ce qui multiplie d'autant les calamités inhérentes au régime partisan.

Au royaume d'Absurdie

Le régime des partis n'est pas seulement néfaste, comme nous l'avons vu et comme nous le verrons, il est aussi parfois illogique et absurde.

Ainsi, par exemple, je me suis toujours demandé comment l'on pouvait être à la fois fonctionnaire, professeur, agent de police, militaire, et être inscrit à un parti politique.

Un parti présuppose, sinon une doctrine ou une idéologie, tout au moins un programme, un ensemble de convictions, de suggestions, de solutions, d'idées, *quant à la meilleure manière de conduire les destinées du pays.*

Il faut admettre qu'un fonctionnaire, qui est inscrit à un parti politique, adhère, de toute sa conviction, à la doctrine, à l'idéologie, au programme du parti, à sa conception de l'intérêt national. Quand le parti au pouvoir est le parti du fonctionnaire, tout va bien. Mais si le parti au pouvoir est l'adversaire dudit parti ? Comment le fonctionnaire peut-il alors servir loyalement un gouvernement dont, par définition, il condamne l'orientation ? De deux choses l'une : ou bien le fonctionnaire sert le gouvernement avec loyauté et assiduité, et il trahit son parti et ses propres convictions (car on ne peut admettre qu'il laisse ses convictions au portemanteau pour les reprendre à la sortie de son bureau !), ou bien le fonctionnaire reste fidèle à son parti et à ses convictions, et il ne peut servir avec loyauté et application un gouvernement qui fait une politique contraire à ses convictions : il lèse et il trahit le gouvernement qui le paie !

À cela, les fonctionnaires ont une réponse. Ils vous diront : nous ne sommes pas au service de tel ou tel gouvernement, nous sommes au service du pays. Mais l'argument est spécieux. Car si le fonctionnaire, en accord avec l'idéologie de son parti et avec ses opinions personnelles, est convaincu que la politique du gouvernement est néfaste aux intérêts du pays, comment peut-il prétendre servir le pays en appliquant fidèlement les directives du gouvernement ?...

Le paradoxe apparaît dans toute son ampleur quand le fonctionnaire ou, pire encore, le militaire, est membre du *parti communiste*, c'est-à-dire d'un parti qui, outre qu'il reçoit ses directives de l'étranger, se propose ouvertement de renverser l'ordre social et politique établi. Mais si le parti communiste est un parti *officiellement, légalement reconnu*, s'il peut exercer librement son activité, s'il possède son comité central et ses comités locaux, s'il présente des candidats à l'Assemblée Nationale et à la Présidence de la République, si l'on a pu voir le *ministre de la Guerre* d'un pays occidental dialoguer, sur les écrans de la Radiotélévision officielle avec le secrétaire général du parti communiste (!), de quel droit pourrait-on interdire à un communiste d'être fonctionnaire, militaire, agent de police d'un État (dont il préconise officiellement la destruction), et de quel droit, par conséquent, pourrait-on lui interdire d'obéir aux directives de son parti ? Il y a là, manifestement, une situation absurde, aberrante : c'est la démocratie !

LES PARTIS CONTRE LA NATION

Pour qu'il y ait un *parti*, il faut qu'il y ait un programme ; ce programme, à son tour, repose sur un certain nombre de *principes* essentiels qui constituent la doctrine, l'idéologie du parti. Ce sont ces principes, cette doctrine, cette idéologie du parti qui le distinguent des autres partis, ou mieux, généralement, qui l'*opposent* plus ou moins radicalement aux autres partis.

Or il est bien évident que ce programme, ces principes, cette doctrine, cette idéologie, constituent un tout, plus ou moins cohérent, rigide et permanent. Le parti ne peut, à chaque instant, modifier son programme et sa doctrine, au gré des circonstances ; sans quoi nous verrions les partis se former, se déformer, se reformer constamment, flotter, s'effilocher, s'évanouir, pour reparaître à nouveau, comme des nuées, ce qui serait la négation même de la notion de parti.

Or la politique, dans la véritable et noble acception du terme, est *l'art ou la science de gouverner la nation*. Si donc la politique est véritablement nationale, elle devra constamment s'adapter aux circonstances, à la *conjoncture* — économique, sociale, intérieure, extérieure — par définition toujours variable (et aujourd'hui plus que jamais) afin de *gouverner conformément à l'intérêt national du moment*. Et comment concilier cette nécessité d'adaptation aux circonstances avec la constance et la rigidité des idéologies partisanes ? Dans ces conditions, l'homme de parti se trouve constamment en présence de cette option dramatique : ou trahir l'idéologie du parti ou trahir l'intérêt national. Ou plutôt, le dramatique dilemme se poserait, si l'homme de parti avait encore un vestige de conscience de l'intérêt national. En fait, « *quand sont en jeu, à la fois les intérêts nationaux et les intérêts du parti, l'expérience nous enseigne qu'il est vain d'espérer une solution autre que le sacrifice de l'intérêt national à l'intérêt du parti* (5). »

Il vous est certainement arrivé, étant enfant, de jouer à ce jeu qui consistait à vous imposer à vous-même de marcher, dans la rue, sur le trottoir, suivant une ligne, une rangée, déterminée du pavé ou du carrelage. Et, une fois votre parti pris, vous avanciez, têtu, sur la ligne que vous vous étiez tracée. Qu'importe si vous bousculiez les passants, si vous mettiez les pieds dans une flaque d'eau, si vous heurtiez un échafaudage ou un réverbère... Tel est le bon démocrate, homme de parti. Il s'est fixé une ligne, et il la suit,

---

5. Mârio Saraiva : *Os Pilares da Democracia* (Les Piliers de la Démocratie),

même si cela doit le précipiter dans une série de catastrophes, lui, ses concitoyens et son pays.

On connaît la réponse de Léon Blum, à qui l'on remontrait l'intérêt qu'il y aurait, pour la France, à entamer des négociations avec Mussolini, négociations auxquelles le Duce n'était pas opposé en principe. Et Léon Blum de s'écrier : « *Comment le chef du gouvernement de Front Populaire pourrait-il négocier avec Mussolini ? !* »... Léon Blum agissait en chef de parti ; il n'agissait pas en tant que chef du gouvernement français.

Dans «*La fin d'une Europe*», Georges Bonnet, ancien ministre des Affaires Étrangères (1938-1939), nous rapporte un épisode identique : Léon Bérard, personnalité en vue de la droite française sous la IIIme République, plusieurs fois ministre, membre de l'Académie Française, était allé trouver Daladier, alors Président du Conseil : il savait de source sûre — lui confia-t-il — que le général Franco (la guerre civile espagnole était sur le point de se terminer) était prêt à renouer les relations diplomatiques avec la France. Léon Bérard explique à Daladier tout l'intérêt qu'il y aurait, pour la France, à accepter ces propositions, alors qu'un certain nombre de gouvernements en Europe avaient déjà reconnu le général Franco. « *J'en suis convaincu,* répondit Daladier, *mais si je fais cela, je perds ma majorité !* »... Daladier agissait en chef de parti, il n'agissait pas comme chef du gouvernement de la France.

Nous pourrions citer encore de nombreux exemples où les intérêts et le fanatisme des partis — parfois déguisés sous les apparences de l'intérêt, du devoir, ou de l'honneur national — ont précipité le pays dans la catastrophe.

Mais l'incompatibilité entre l'intérêt du parti et l'intérêt national est particulièrement évidente quand il s'agit de partis d'affiliation *internationale*, tels les partis affiliés à la IIme Internationale Socialiste.

Livraria Clàssica Editora, Lisbonne, 1949.

Au mois d'octobre 1969 se sont déroulées au Portugal des élections législatives. Et l'on a assisté, à cette occasion, à une chose stupéfiante : cinq membres de l'Internationale Socialiste — un Suédois, un Anglais, un Italien, un Irlandais et un Autrichien -, entrés au Portugal comme "touristes", et admis comme tels, ont eu l'audace d'écrire aux autorités portugaises, pour leur signifier qu'ils étaient venus au Portugal, en tant que *« représentants (sic) du Bureau de l'Internationale Socialiste, pour observer la campagne électorale et les élections »*, et ils réclamaient le droit de *« superviser les assemblées de vote, de contrôler la remise des listes et le dépouillement des voix et de vérifier les résultats »* !!

C'était, comme nous l'avons écrit à ce moment-là, un exemple de l'ingérence intolérable de la pandémocratie internationale dans les affaires intérieurs d'un État ; et c'est pourquoi les "représentants" en question furent notifiés d'abandonner sans délai le pays. Or, au Portugal, comme on le sait, les partis, et en particulier le parti socialiste, sont interdits. On peut donc imaginer ce que sera cette ingérence dans les pays où la IIme Internationale est représentée officiellement et en permanence par un "parti", avec son comité central et ses comités locaux, ses journaux et ses fonds !

Comment peut-on tolérer l'existence d'un parti qui s'intitule lui-même « S.F.I.O., *Section française* (sic) *de l'Internationale Ouvrière* » ?! Et si les intérêts et les directives de l'"Internationale Ouvrière" sont contraires aux intérêts de la France, que fera sa "Section Française" ?...

Mais, ici encore, la situation est nettement scandaleuse quand il s'agit d'un parti qui est non seulement d'affiliation et d'inspiration internationales, mais qui encore s'appuie ouvertement sur une puissance étrangère ; qui reçoit, ouvertement, ses instructions et ses consignes — pour le moins — d'une puissance étrangère ! Je parle, évidemment, du *parti communiste*.

Il faudrait écrire une Histoire des Variations du Parti Communiste français. Nous nous contenterons ici de la résumer, le plus brièvement possible.

Dans les années 20, immédiatement après sa création, l'action du P.C.F. se déroule sous le signe du *pacifisme*, de l'*antimilitarisme* (et aussi de l'*anticléricalisme*) virulent. C'est l'époque où, dans certaines villes, comme Marseille, par exemple, quiconque sortait en uniforme (et en soutane — ce danger n'existe plus aujourd'hui ! —) courait le risque d'être insulté. Les communistes, à ce moment-là, ne se montraient pas particulièrement belliqueux à l'égard de l'Allemagne vaincue qui, vu l'état de misère et de dégradation où elle était plongée, semblait être une proie facile, prête à basculer dans le camp bolchéviste...

Il en fut ainsi jusqu'à l'avènement du national-socialisme en 1933. Alors l'Allemagne redevint, pour les communistes, l'ennemi héréditaire, l'hydre à abattre ; les communistes devinrent les partisans les plus fanatiques de la guerre contre le fascisme, personnifié essentiellement par l'Allemagne hitlérienne. Coïncidence curieuse, c'est précisément à cette époque que L. M. Kaganovitch, beau-frère de Staline et secrétaire du Bureau d'organisation du Comité Central du parti Pansoviétique Communiste, écrivait dans les *Izvestia* :

> « *Le conflit entre l'Allemagne et la France renforce notre situation en Europe... Il faut approfondir les divergences entre les divers États européens* (6). »

Lors de la visite à Paris de von Ribbentrop, ministre allemand des Affaires Étrangères, les communistes se déchaînent, et l'*Humanité* accuse ouvertement le gouvernement français de vouloir « *réhabiliter les assassins et les incendiaires du troisième Reich* (7). » (25.11.1938)

---

6. Henry Coston : *Dictionnaire de la Politique Française*, p. 791.
7. *Ibid.*, p. 791.

Cette guerre, que les communistes ont voulue, ils l'ont eue ! Le 3 septembre 1939, la France déclarait la guerre à l'Allemagne...

Seulement voilà : *dix jours plus tôt, le 23 août 1939, l'Allemagne et la Russie avaient signé le pacte de non-agression germano-soviétique.*

Alors, brusquement, de cette guerre, les communistes n'en veulent plus : «*cette guerre n'est plus la leur*», comme dirait joliment M. Gilbert Cesbron. Alors ils la sabotent, ou ils la désertent, en tête Maurice Thorez, secrétaire général du Parti, qui fera toute la guerre... à Moscou ! Et *Le Monde*, organe de l'Internationale Communiste, publié en Belgique, va jusqu'à écrire :

«*La rage des impérialistes français et de leurs valets S.F.I.O. est compréhensible ; en exprimant le désir unanime de paix du peuple français, nos amis communistes démasquent les plans de carnage des 200 familles qui veulent continuer la guerre impérialiste à tout prix* (8). » (n°4, 7.10.1939)

Survient la défaite de juin 1940 ; le maréchal Pétain signe l'armistice, entame la politique de collaboration avec l'Allemagne. *Les communistes restent tranquilles.* On peut même lire, dans *L'Humanité* (clandestine) du 1ᵉʳ Juillet 1940 : « LE GÉNÉRAL DE GAULLE ET AUTRES AGENTS DE LA FINANCE ANGLAISE VOUDRAIENT FAIRE BATTRE LES FRANÇAIS POUR LA CITY ET ILS S'EFFORCENT D'ENTRAÎNER LES PEUPLES COLONIAUX DANS LA GUERRE ! »...

Seulement voilà : le 21 juin 1941, les armées hitlériennes pénètrent en Russie Soviétique. «*Dès lors, l'Allemagne, le Nazisme, le Fascisme, redevinrent l'ennemi. Et, pour vaincre, le P.C.F. clandestin s'allia avec ceux qu'il insultait la veille* (9). »

---

8. *Ibid.*, p. 793.
9. *Ibid.*, p. 793.

Les communistes se découvrirent brusquement une âme de patriotes et furent à la pointe du combat de la Résistance intérieure qui, on le sait, ne devint virulente qu'à partir de ce moment-là...

Où est, dans tout cela, je vous le demande, l'intérêt de la France ?

C'est pourquoi le premier devoir d'un gouvernement digne de ce nom serait d'interdire le parti communiste.

C'est pourquoi, si j'étais démocrate, et si j'étais appelé à voter, je ne voterais, exceptionnellement, que pour le candidat qui s'engagerait à réclamer *la suppression de tous les partis politiques.*

V

LE PARLEMENT

Témoignages

« À la Chambre des Députés font défaut les idées politiques et font défaut les principes moraux. Il en résulte une perturbation inévitable, un mal incurable : c'est la corruption ; c'est la paralysie sénile affectant le jeu de tout le mécanisme constitutionnel...

« Voyez la Chambre des Députés : ce n'est pas seulement la précision de idées, la fermeté des principes et la noblesse du langage qui lui manquent. Il lui manque également la dignité des attitudes, les bonnes manières, la *toilette* (10). » Elle est presque aussi ridicule par ses discours que par ses cravates. On y sent la mauvaise compagnie, le *mauvais lieu* (11) dans la seule allure poissarde de nos pimpants Cicérons...

« Et voilà, au sommet de nos institutions, l'école publique où le peuple doit apprendre à être digne et honnête... »

Ramalho Ortigão (env. 1872)

❧

« Le vocabulaire, le ton, le geste, tout ce qui compose la tenue, crie où le régime parlementaire s'est ravalé. La période des Halles est dépassée (...) Ce n'est même plus le pugilat fortuit où se houspillent deux voisins excités, mais la bataille rangée, et les partis descendent en masse dans l'hémicycle comme dans une arène. Jamais la sonnette d'alarme n'avait tant retenti. Mais l'alarme, c'est la Chambre elle-même qui la fait naître, et le peuple, qu'on expulse des tribunes pour lui dérober ce spectacle, ne comprend pas, en s'en allant, que ce soit lui qu'on mette à la porte.

---

10. En français dans le texte.
11. *Idem*

« Examinez bien, je vous prie, ces gens qui vont s'asseoir sur les banquettes et s'empilent de préférence vers l'extrême-gauche. Voyez ce qu'ils sont et rappelez-vous ce qu'ils font. En trois syllabes, immenses et terribles : ils font la loi ! Ils savent donc ce que sont les lois et comment se font les lois ? Eux ! Les huit dixièmes ne s'en doutent même pas ! L'un était hier à son officine, l'autre à son bureau, le troisième à son établi, et plusieurs, en outre, péroraient dans les syndicats ou traînaient dans les cafés. Le jeu de l'intrigue et du hasard en a fait des législateurs...

« Leur pouvoir n'a aucune limite, ni intérieure, ni extérieure (...) Il n'est point de sujet qui leur soit interdit. Il n'en est point qu'ils s'interdisent. Ils modifient, renversent, suppriment en un instant, au gré de leur fantaisie ignorante, les règles lentement instituées par l'expérience des générations (...) Ils touchent à tout, s'emparent de tout, secouent tout, ébranlent tout, démolissent tout. »

Charles Benoist
(Les maladies de la démocratie, 1929)

❧

« Il est plus facile de faire passer un chameau par le trou d'une aiguille que de découvrir un grand homme par le moyen des élections. »

Adolf Hitler
(Mein Kampf, 1926)

❧

« Un homme indépendant et sans argent, sauf de très rares exceptions, n'a jamais pu accéder au Parlement. C'est ainsi que la plus grande partie de nos élites n'a jamais été appelée à gérer nos destinées et qu'en général les bateleurs seuls, les médiocres gonflés d'appétit de toutes sortes, les phraseurs résignés à toutes les servitudes, les combinards, les élastiques, ont en grande partie composé le Parlement. »

Raoul Monmarson
(Le Messie sans apôtre, 1944)

❧

« En permettant aux députés de délibérer souverainement sur la totalité et sur toute la variété des problèmes nationaux, des plus simples aux plus compliqués et aux plus importants (...), la démocratie présuppose qu'ils sont dotés d'une somme de connaissances techniques englobant l'infinie variété des questions qui peuvent se présenter. Autrement dit, pour pouvoir satisfaire à la doctrine démocratique, les députés devraient être techniciens en tout.

« Ils devraient être des savants encyclopédiques (...)

« Or le lecteur ne pourra manquer de sourire en songeant que, en vertu du principe de l'égalité, tout citoyen peut être élu député ; il suffit, pour cela, qu'il sache lire et écrire...

« Les députés devraient posséder une science encyclopédique ; mais ils peuvent être de simples ignorants !... »

Mário Saraiva
(Les Piliers de la Démocratie, 1949)

❧

« Naturellement, ce souverain (l'électeur) n'a ni les capacités, ni les loisirs, ni peut-être le goût d'exercer sa souveraineté. Aussi désigne-t-il des représentants auxquels il délègue ses pouvoirs. Ces représentants, ce sont les parlementaires (...).

« Souverain débonnaire et ingrat, M. Dupont est persuadé qu'en agissant ainsi, il exerce vraiment sa souveraineté. Il ne s'est pas aperçu qu'au moment même où il devenait souverain grâce à la République, la République était conquise par les Financiers (...).

« Dans notre pays, comme dans la plupart des grandes et petites démocraties, le parlement est "un piège doré où les représentants du peuple sont attirés, pris et domestiqués par les oiseleurs de la Finance". »

André Figueras
(Zoologie du Palais-Bourbon, 1956)

❧

« Dans les démocraties parlementaires, l'électeur est le souverain. En France, M. Dupont a remplacé Louis XIV et Napoléon. C'est lui qui "fait les lois, rend la justice, administre la chose publique, réglemente les mariages, les divorces, les naissances et les successions, intervient dans les plus graves intérêts de famille, surveille l'exercice des religions, se charge de l'éducation des enfants et encourage les beaux-arts", lui qui "fixe la somme des impôts et leur répartition, (...) réglemente les transports, détermine le prix du pain, du beurre, des billets de chemin de fer et des allumettes chimiques", lui qui règle les relations des pays avec les autres puissances, signe les traités, entreprend les conquêtes, décide de la paix et de la guerre (...).

« On pourrait supposer qu'un tel souverain doit avoir une grande activité, une intelligence supérieure et une culture universelle... Pas du tout. »

<p style="text-align:center">Francis Delaisi
(<i>La Démocratie et les Financiers, 1910,</i>
cité par Henry Coston dans
« <i>Les Financiers qui mènent le Monde</i> », <i>1956.</i>)</p>

Après avoir analysé les "grands principes" qui sont l'essence de l'idéologie démocratique — Liberté, Égalité, Fraternité — en nous attardant tout particulièrement sur le concept de *Liberté* ; après avoir démonté la supercherie du suffrage universel ; après avoir tenté de prouver que l'existence des *partis politiques* était contraire aux intérêts de la Nation, nous aborderons maintenant la critique des institutions proprement dites du régime démocratique, c'est-à-dire de ce que l'on appelle les *organes de la souveraineté*, en commençant par le *Parlement*.

Le Parlement, c'est la Démocratie

Pour bien mesurer l'importance des critiques portées contre le Parlement, il faut se rappeler l'importance de cette institution dans le régime démocratique. En fait, c'est au Parlement que le *peuple souverain* délègue sa *souveraineté*, c'est le Parlement qu'il érige ainsi, par sa volonté expresse, durant quatre ou cinq ans, en maître absolu de ses destinées. C'est le Parlement qui nomme ou démet les ministres, approuve ou désapprouve le gouvernement, fait les lois, vote les impôts, signe les alliances, dénonce les traités, envoie des ultimatums, déclare la guerre.

Le Parlement est l'institution fondamentale du régime démocratique. Le Parlement, c'est, en fait, la Démocratie : c'est pourquoi ce régime est également désigné sous le nom de parlementarisme, et de nombreux auteurs ont pu ramener la critique de la *démocratie* à la critique du *parlementarisme.*

Si donc le Parlement est l'institution la plus importante de la Démocratie, il serait légitime de penser que c'est aussi la plus digne, la plus honnête, la plus respectable, la plus compétente et la plus prestigieuse.

Nous verrons ce qu'il en est.

Une lourde hérédité

De l'union du *suffrage universel* et de l'*organisation partisane* (c'est-à-dire de l'existence des partis politiques) naît le *Parlement* démocratique, à base, également, majoritaire et partisane.

Avec une telle hérédité, il suffirait de relire toutes les critiques que nous avons formulées à propos du suffrage et des partis pour comprendre pourquoi le Parlement, partout et toujours, a fait faillite, au point que certains pays parmi les plus traditionnellement et les plus farouchement démocratiques ont dû limiter les pouvoirs du Parlement, pour en limiter les méfaits, ce qui veut dire que ses méfaits sont limités précisément dans la mesure où il n'est plus démocratique...

Mais ce n'est pas tout. On pourrait admettre (ce serait d'ailleurs contraire à toute logique démocratique, s'il en est) que les députés, une fois élus, et avant de franchir les portes de l'hémicycle, laissent, comme on dit, leurs querelles au vestiaire, abandonnent leur étiquette partisane et, pénétrés de l'importance de leur mission et de la transcendance de leur mandat, conscients de leur responsabilité et de leur dignité, ne songent plus qu'à travailler, de *commun accord*, aux intérêts de la Nation. Leurs travaux se dérouleraient alors dans l'ordre et dans le recueillement, et les décisions seraient toujours prises à l'*unanimité*. Mais ce n'est qu'un rêve, évidemment.

En fait, le Parlement, issu des luttes partisanes et du scrutin majoritaire, fonctionne, à son tour, sur une base partisane et majoritaire. Autrement dit, l'activité parlementaire n'est que le prolongement, au sein de l'Assemblée, des divisions, des luttes, des rivalités des partis ; le Parlement est le théâtre où s'affrontent les idéologies, ou simplement les intérêts des partis ; il est l'image, à une échelle réduite, de la nation démocratique. Comme un fils de parents alcooliques qui serait lui-même alcoolique, le Parlement reflète, concentre et aggrave, comme nous le verrons, tous les vices des institutions qui lui ont donné naissance.

Le parlement démocratique, à base majoritaire et partisane, souffre, naturellement, du mal congénital, inévitable et incurable, qui ronge du haut en bas, comme une gangrène, tous les régimes démocratiques et les pays qui en sont affligés : la division, la guerre civile, plus ou moins endémique ou plus ou moins déclarée.

UN CHAMP CLOS

On pourrait admettre, ai-je dit, que les députés, une fois élus, oublient leurs querelles, leur étiquette ou leur affiliation partisane, et ne forment plus qu'un groupe d'hommes — une *élite*, puisqu'ils ont *été élus* entre tous les autres ! — Décidés à donner au peuple l'exemple d'un travail réfléchi et fécond, dans la recherche en commun des meilleures solutions pour tous les problèmes que soulève l'intérêt du pays. Mais j'ajoutai immédiatement que cette hypothèse était, démocratiquement, absurde. Comment supposer, en effet, que des hommes, qui se sont battus des années durant, au service d'un parti, d'une idéologie, abandonnent cette idéologie — fût-ce dans l'intérêt national ! — au moment même où se présente pour eux l'occasion de la mettre en pratique ? Et le voudrait-il qu'ils ne le pourraient pas, car ils sont liés au *parti* qui les a fait élire sous son étiquette ; et ils sont liés aux électeurs qui les ont élus, non pas pour les représenter et défendre leurs intérêts ; et encore moins l'intérêt national, mais pour représenter le parti et défendre les intérêts du *parti*. Ainsi, pendant quatre ans, le député devra-t-il toujours, en principe, voter avec son parti, quelles que puissent être les circonstances, et ses propres convictions dans tel ou tel cas particulier. S'il ne le fait pas, il trahit son parti et les électeurs qui l'ont élu *en tant que candidat de ce parti*, et non pas d'un autre. S'il le fait, il trahit ses propres convictions. On a vu quelquefois des députés adopter la première solution et se désolidariser de leur parti, avant l'expiration de leur mandat..., tout en continuant de siéger à l'Assemblée ! On a rarement vu des députés, à ma connaissance, donner, dans ce cas, leur démission, et se représenter devant les électeurs, sous leur nouvelle étiquette et avec leurs nouvelles convictions, comme l'exigerait l'honnêteté la plus élémentaire.

En principe, cependant, et quoi qu'il advienne, quelle que soit l'évolution de la conjoncture, nationale et internationale, le candidat, une fois élu député — avant même d'avoir été élu — *a sa place marquée*, d'avance et pour quatre ans, quelque part, de l'extrême droite à l'extrême gauche de l'hémicycle, et cette place n'est pas un poste de travail au service de la communauté, c'est un poste de combat contre d'autres députés, appartenant à la même nation ; et les uns et les autres sont des représentants de citoyens de la même nations, qui sont également des adversaires les uns des autres : c'est la Démocratie !

En principe, pendant quatre ans, notre député appartiendra à ce que l'on appelle "la majorité", ou à ce que l'on appelle "la minorité" ou "opposition" ; et, selon qu'il appartient à la majorité ou à la minorité, toutes ses interventions, systématiquement, seront dirigées dans tel ou tel sens ; et, selon qu'il appartient à la majorité ou à la minorité, tous ses votes, systématiquement, seront "pour" ou seront "contre" ! Et l'on a vu fréquemment, au cours de deux législatures successives, une ancienne minorité, devenue maintenant *majorité*, présenter exactement le même projet contre lequel elle avait voté à la précédente législature, et la *majorité*, devenue *minorité*, voter contre le projet qu'elle avait présenté : c'est la Démocratie !

Et tout cela est, démocratiquement, parfaitement logique. Car l'objectif suprême des partis de l'opposition étant de prendre la place des partis qui sont au gouvernement, c'est-à-dire de s'emparer à leur tour du pouvoir, les députés de l'opposition attaqueront systématiquement le gouvernement et voteront systématiquement contre le gouvernement, afin, si possible, de le renverser, ou tout au moins de l'affaiblir et de le miner. C'est pourquoi le parlement n'est qu'un champ clos où s'affrontent, sans doute, les idéologies, mais où s'affrontent surtout les haines et les ambitions.

INCOMPÉTENCE

En Démocratie, nous l'avons dit, c'est en fait le parlement qui gouverne, au nom du peuple ; dépositaire de la volonté du peuple souverain, c'est à lui que sont confiés, non seulement les intérêts des citoyens, mais encore les destinées, la grandeur ou la misère, la vie ou la mort de la nation. Pour s'acquitter de ce mandat, si difficile et si lourd de responsabilité, le parlement, déjà affecté dans l'exercice de sa mission par les passions, les haines et les ambitions partisanes, est-il au moins compétent ? Absolument pas ! En notre époque où l'exercice des fonctions, aux différents échelons de la société (de l'ingénieur, du médecin ou du chef d'entreprise à l'ouvrier spécialisé), exige des connaissances de plus en plus vastes et de plus en plus approfondies ; en notre époque où toutes les nominations et les promotions ne se font qu'à base d'examens, de concours et de diplômes, où il faudra bientôt être bachelier pour pouvoir être cantonnier, qu'exige-t-on du député ? Du député qui « *fait les lois, rend la justice, administre la chose publique, réglemente les mariages, les divorces, les naissances, les successions, intervient dans les plus graves intérêts de famille, surveille l'exercice des religions, se charge de l'éducation des enfants et encourage les beaux-arts, fixe la somme des impôts et leur répartition, réglemente les transports, détermine le prix du pain, du beurre, des billets de chemin de fer et des allumettes, règle les relations des pays avec les autres puissances, signe les traités, entreprend des conquêtes, décide de la paix ou de la guerre* », du député qui, en un mot, « *délibère souverainement sur la totalité et sur toute la variété des problèmes nationaux, des plus simples aux plus compliqués et aux plus importants ?* » Qu'exige-t-on de ce député ? Rien : « qu'il sache lire et écrire » ; et encore, ne le sait-il pas toujours !

Le titre du candidat député, c'est la carte du parti ; son examen, c'est la campagne électorale ; son diplôme, ce sont quelques bulletins de vote dans une urne ! Et son "bagage" ?... Autrefois, quand les joutes électorales se décidaient en grande partie dans ce que l'on appelait "les réunions publiques et, contradictoires", le candidat député devait ,avoir, au moins, ; une certaine facilité d'élocution, une certaine capacité d'argumentation, en un mot, une certaine éloquence, et, aussi, pourquoi ne pas le dire, un certain courage. Aujourd'hui, ce n'est même plus nécessaire : l'affiche, le tract et le slogan publicitaire tiennent lieu d'éloquence et, dans ces campagnes électorales "nouveau style" — véritable *défi aux Américains* — le grand "bagage" du candidat député, c'est l'*argent*. C'est pourquoi, même si l'on n'est pas démocrate, on ne peut s'empêcher d'évoquer avec quelque nostalgie certains parlementaires d'antan qui, en dépit de leurs erreurs et de leurs faiblesses, étaient, eux, au moins, de grands orateurs.

Mais ces députés, qui ne sont généralement pas à la hauteur, du point de vue intellectuel et technique, des délicates fonctions qu'ils sont appelés à exercer, qui n'ont reçu pour cela aucune préparation, aucune formation spéciale — alors qu'il faut des années pour former un bon ouvrier spécialisé — sont-ils au moins moralement idoines ?

Le "bagage" indispensable du candidat député, avons-nous dit, c'est l'argent : on sait les sommes fabuleuses que coûte aujourd'hui une campagne électorale. Les candidats, dans leur immense majorité, ne possèdent pas eux-mêmes les fonds nécessaires pour y faire face. Il faut donc qu'ils s'adressent ailleurs : à un banquier ou à un industriel, ou à un groupe de banquiers ou d'industriels, que sais-je encore ? Le plus souvent, le candidat se présentant sous l'étiquette ou sous l'égide d'un parti, c'est le parti qui finance sa campagne électorale. Mais quand on pense que le parti ne soutient pas qu'un seul ou deux candidats, mais des centaines de candidats, dans tout le pays, on est bien obligé de se demander d'où vient l'argent ! Je ne m'attarderai pas sur cette question des rapports entre la Haute Finance et la Politique, car le problème a été traité, exhaustivement et de main de maître, par notre ami Henry Coston, grand spécialiste en la matière, dans une série d'ouvrages — « *Les Financiers qui mènent le monde* » (lire en particulier le chapitre intitulé « *Comment on devient député et comment on le reste* »), « *La Haute Finance et les Trusts* », « *Le retour des 200 familles* », « *L'Europe des Banquiers* », « *La Haute Finance et les révolutions* », « *La République des Rothschild* [12] ».

---

12. La Librairie Française, 27, rue de l'Abbé-Grégoire — Paris 6ᵉ.

Le moins que l'on puisse dire du député, c'est qu'il n'est pas libre. Il n'est pas libre à l'égard de son parti qui le subventionne et le soutient, et qui lui impose en échange « la discipline du parti » ; il n'est pas libre à l'égard de ses électeurs devant qui il s'est engagé, politiquement et idéologiquement, et à qui il est lié le plus souvent par un *contrat social sui generis* (donnant donnant : je vous donne ma voix, vous me donnez un bureau de tabac, la Légion d'Honneur, un fauteuil d'administrateur) ; il n'est pas libre à l'égard du gouvernement (grand dispensateur de portefeuilles, de prébendes et autres bénéfices), très souvent, même s'il appartient, officiellement, à l'opposition.

Mais si l'on considère combien la carrière politique — marquée, plus que toute autre, par les ambitions effrénées, les jalousies et les haines, personnelles et idéologiques — incite aux complaisances, aux bassesses, aux flatteries, aux faiblesses, aux compromis et aux compromissions (13), sinon aux malhonnêtetés, grandes ou petites, il est pour le moins impossible que la majorité des députés soit ce modèle de haute vertu, de probité et de dignité que devraient être les représentants de la Nation !

C'est ce qu'exprime l'homme de la rue quand il dit que pour "faire de la politique" (expression toujours péjorative), il faut un "tempérament spécial". Ainsi, la carrière politique, qui devrait être la plus noble et la plus honorée, est en fait la plus discréditée et la plus décriée ; et les gens les plus compétents, les plus sérieux, les plus honnêtes, s'en écartent comme d'un charnier pestilentiel. C'est pourquoi notre ami Raoul Monmarson a pu écrire :

« Un homme indépendant et sans argent, sauf de très rares exceptions, n'a jamais pu accéder au Parlement. C'est ainsi que la plus grande partie de nos élites n'a jamais été appelée à gérer nos destinées et qu'en général les bateleurs seuls, les médiocres gonflés d'appétits de toutes

---

13. «*La politique entraîne toujours des compromissions*», phrase-exemple donnée par le «*Larousse du XXe siècle* » ! (T. II, p.385).

sortes, les phraseurs résignés à toutes les servitudes, les combinards, les élastiques, ont en grande partie composé le Parlement (14). »

Discrédit

Il y aurait certainement encore beaucoup à dire, et notre critique du parlementarisme est loin d'être exhaustive. Il faudrait, en particulier, rappeler que les jeux du cirque parlementaire sont loin d'être gratuits pour les citoyens : ils représentent des *sommes énormes*, qui pèsent lourdement au budget annuel de la Nation, et qui pourrait certainement avoir une application beaucoup plus rentable. Mais ce que nous avons dit suffit pour expliquer pourquoi, depuis longtemps et *partout*, les parlements sont complètement discrédités aux yeux des gens les plus clairvoyants.

Et je dis bien *partout*. Car, à en croire les paladins de la Démocratie, celle-ci serait le régime idéal, qui convient à *tous les peuples*, alors qu'un simple coup d'œil sur l'histoire, ancienne et récente, suffit à nous montrer qu'*il ne convient à aucun !*

À ce propos, je ne puis résister à la tentation de citer ici deux textes : le premier est de Ramalho Ortigão, écrivain polygraphe portugais, bien connu de nos lecteurs, et a été rédigé au Portugal, entre 1872 et 1876. Le voici :

> « *Il y a plus d'un mois que MM. les Députés, sous prétexte de décider de la place d'un adverbe ou de la signification d'un adjectif (...) se disputent, se traitent réciproquement d'agitateurs, de traîtres, de menteurs et d'imbéciles, prouvant ainsi qu'ils sont, effectivement, des agitateurs, des traîtres, des menteurs et des imbéciles. (...)*
>
> « *Et c'est là, au sommet de nos institutions, l'école publique où le peuple va prendre ses leçons de civisme et de dignité !...*
>
> « *Mais ce serait calomnier la Chambre, si, après avoir décrit dans ces pages quelques-unes de ses séances tumultueuses, nous ne donnions pas une image de son aspect habituel, laborieux et fécond. Hâtons-nous donc de raconter ce que nous avons vu.*

---

14. *Le Messie sans apôtres* (1944)

« Il était trois heures de l'après-midi. (...) Un individu, les coudes posés sur l'appui de la galerie, le menton dans ses mains (...) nous informa aimablement qu'on venait d'aborder la discussion de l'ordre du jour. (...)

« Dispersés sur les bancs de l'hémicycle, on comptait vingt-trois députés. Les uns écrivaient tranquillement leur courrier ; d'autres conversaient par petits groupes ; quelque-uns étaient allongés dans leur fauteuil, paupières closes, mains enfoncées dans les poches du pantalon, et semblaient jouir d'un paisible repos.

« Au bureau de l'Assemblée, le président et les deux secrétaires discutaient avec un individu à gants jaunes.

« Au banc des ministres, le Gouvernement était représenté par un de ses membres qui bâillait. (...)

« C'est après avoir noté ces quelques détails et autres incidents épisodiques que nous nous sommes aperçu qu'un orateur occupait la tribune (...). Sa voix ne parvenait pas jusqu'à nous, mais nous comprîmes, par ses gesticulations, qu'il portait dans ses bras une idée qui lui était chère.

« Cette idée, tantôt il la serrait de ses deux bras croisés sur sa poitrine ; tantôt il l'allaitait avec amour, lui donnant d'abord le sein droit, puis le sein gauche. Ensuite il la plaça sur les paumes de ses longues mains et sembla l'offrir, d'abord aux membres du bureau, puis à l'assemblée ; il offrit aux dames assises dans la galerie ; il l'offrit aux deux officiers de la garde qui se trouvaient dans la tribune de la presse ; il l'offrit à l'individu au gilet de velours assis à côté de moi... Il est difficile de décrire tous les gestes par lesquels passa l'idée de cet orateur, dont absolument personne n'entendait la voix, ni la Chambre, ni le bureau, ni la galerie, ni certainement lui-même ! L'opération dura trois heures. (...)

« Mais l'heure avait sonné. Le président leva la séance. La salle se vida lentement, et chacun rentra chez soi.

« Quant à nous, nous avions la tête lourde, le cerveau épais, une sensation générale de prostration et de mollesse, de profonde inertie mentale. (...)

« Turbulente et inquiète, l'assemblée nationale offre seulement le spectacle du scandale ; paisible, pacifique et normale, livrée aux travaux législatifs, elle est beaucoup plus dangereuse : elle provoque l'amollissement du cerveau... »

L'autre texte est de Hitler ; il est extrait de Mein Kampf, et a été écrit, comme on le sait, en 1924, à la prison de Landsberg-am-Lech, en Bavière :

« Je fus bientôt scandalisé par le lamentable spectacle qui se déroulait sous mes yeux.
« Il y avait là quelques centaines de ces représentants du peuple, qui avaient justement à résoudre un problème de la plus haute importance...
« Le niveau intellectuel des interventions s'élevait à une hauteur véritablement... écrasante, dans la mesure où l'on pouvait comprendre quelque chose à ce galimatias.
« Une masse d'individus gesticulait, hurlait sur tous les tons, au milieu d'une confusion indescriptible. Un petit vieux inoffensif, agitant désespérément une sonnette, lança des appels tantôt pathétiques et tantôt pacificateurs, s'efforçait, à la sueur de son front, de rétablir la dignité de l'Assemblée.
« Je ne pus m'empêcher de rire.
« Une semaine plus tard, je me trouvais de nouveau à la Chambre. Le spectacle était complètement différent, méconnaissable ! La salle était vide. On dormait là en-bas ! Quelques députés étaient à leur place et bâillaient les uns aux autres. L'un d'eux prononçait un discours. Il y avait là un vice-président de l'Assemblée, qui contemplait la salle d'un air visiblement ennuyé... »

Si j'ai pris sur moi l'audace impardonnable de citer Adolf Hitler, c'est seulement pour montrer comment deux auteurs aussi différents, appartenant à des pays aussi différents que l'Allemagne et le Portugal, écrivant à des époques différentes, décrivent et critiquent, dans des termes presque identiques, le même spectacle, et aboutissent aux mêmes conclusions.

Et le spectacle continue. Il suffit de regarder autour de soi. Tenez, par exemple, l'année dernière s'est déroulé, au sein du Parlement britannique, un débat de la plus haute importance, auquel il me semble que l'opinion publique internationale n'a pas accordé l'attention méritée : il s'agissait de savoir si les députés devaient continuer à recevoir l'*allocation de tabac à priser* qui leur est, paraît-il, attribuée depuis des temps immémoriaux. Les *antitabagistes* déclaraient qu'il s'agissait d'une coutume désuète, inutile et malpropre, et qu'elle ne justifiait pas, par conséquent, le crédit considérable inscrit à cet effet au budget de la Chambre. A quoi un député *tabagiste* répondit que la coutume n'était nullement désuète, malpropre et inutile : la preuve, c'était que lui-même avait l'habitude de priser, que cela lui éclaircissait les idées, et que si tous ses collègues faisaient de même, les choses iraient beaucoup mieux en Grande-Bretagne...

Pendant ce temps, la Rhodésie achevait de consolider son indépendance, et les dernières épaves de ce qui restait, çà et là, du plus grand empire du monde achevaient de s'engloutir.

Il est vrai que les glorieux vaisseaux de Sa Majesté continuaient à monter la garde devant le port de Beira...

J'ai conservé une coupure d'un journal français, en date du 30-31 mai 1970, où s'étale en gros caractères, sur la première page, ce titre : « LES DÉPUTÉS ONT VOTÉ HIER, À L'AUBE, LA LOI SUR LES LIBERTÉS INDIVIDUELLES ».

Et, effectivement, dans une démocratie, une « loi sur les libertés individuelles », il semble que ce soit une chose très importante. Or voici ce que nous pouvons lire, sous le titre en question :

> « *Paris, 29 mai (AFP).— L'Assemblée Nationale a adopté ce matin, en première lecture, le projet de loi sur les droits individuels des citoyens. Le scrutin a été demandé par le groupe P.D.M. Seule une douzaine de députés assistaient à la séance (!)...* »

Cette douzaine de bonshommes réunis (ou plutôt dispersés), à l'aube du 29 mai, en ce haut lieu de la Démocratie, représentait le Peuple Souverain...

Et cela nous donne une idée : si douze députés suffisent pour voter une loi, pourquoi donc en avoir six cents ? Douze députés, pour moi, ce serait largement suffisant. Et, après avoir lu les lignes qui précèdent, on voit que les intérêts du pays auraient tout à y gagner.

VI

LE GOUVERNEMENT

Jean Haupt

Témoignages

« Une grande partie de l'Europe va tomber irrémédiablement dans le désordre ; elle y sera poussée par les effets de la guerre, par la misère, la haine, les divisions intestines, l'effondrement de l'autorité. Ce sera donc un grand bienfait pour la collectivité que d'opposer des barrières à l'expansion de l'anarchie et de faire en sorte que les peuples puissent s'en libérer rapidement, au cas où ils auraient le malheur d'en être victimes. L'ordre est surtout une création spirituelle ; mais le pouvoir matériel peut établir les conditions qui permettront de tranquilliser les esprits. (...)

« On finira par aboutir à la conclusion que la source la plus sûre de l'autorité est l'État ; seul ce dernier peut lui conférer ce caractère de légitimité qui est la première condition de l'obéissance. Un État fort, telle est la première condition nécessaire : mais, une fois de plus, *il n'y a pas d'État fort, si le gouvernement ne l'est pas.*

« On cherchera ce gouvernement par des voies différentes dans chaque pays, conformément aux possibilités : à droite, à gauche, au moyen d'ententes, d'accords, de coalitions, dans le cadre des forces ou des groupements politiques, — ou bien en dehors d'eux, ou au-dessus d'eux, *sinon contre eux* —. Il y aura sans doute et surtout une illusion, à savoir qu'un gouvernement national est un gouvernement fort. Cependant, c'est le contraire qui est vrai : seul un gouvernement fort peut être un gouvernement national. » (25 mai 1944).

« La défense de ce qui peut encore être sauvé des droits et de la dignité de la personne humaine n'est possible que dans un État où le gouvernement est fort, et lui-même libéré de combinaisons partisanes, des mouvements anarchiques de l'opinion, des collusions d'intérêts privés. La nécessité incontestable où se trouve aujourd'hui le gouvernement d'intervenir dans la vie économique et d'assurer l'équilibre social exige, plus que jamais, qu'il dispose de l'indépendance et de l'autorité, sans lesquelles il ne peut remplir ses fonctions de guide, de propulseur et d'arbitre. » (23 mars 1948)

« L'esprit de parti corrompt ou avilit le pouvoir, déforme la vision des problèmes du gouvernement, sacrifie l'ordre naturel des solutions, se superpose à l'intérêt national, entrave — quand il ne s'y oppose pas complètement — l'utilisation des hommes de valeur au service du bien commun. » (7 janvier 1949)

« Il ne peut y avoir de doute que le véritable foyer de l'autorité, le centre propulseur de l'État, le gage de son efficacité et de son pouvoir, résident dans le gouvernement. Il n'y a pas d'État fort là où le gouvernement ne l'est pas. (...)

« Les régimes parlementaires ont tendance à faire résider l'autorité dominante dans une assemblée élue au suffrage universel, à base partisane.

« Nous avons vu, par une conséquence logique des événements, cette autorité passer de l'Assemblée aux groupes parlementaires ; de ces derniers aux partis ; des partis aux comités exécutifs, et enfin, de ceux-ci au corps électoral anonyme. (...) D'échelon en échelon, le pouvoir se dégrade, se dissout, et le gouvernement n'est finalement plus possible ou n'est plus efficace. Au fur et à mesure que les difficultés s'accumulent, le désordre. S'accroît, la carence de l'autorité rend la vie sociale précaire, et les libertés politiques mêmes se transforment en licence générale. Du sein du pays, des voix s'élèvent pour réclamer un gouvernement qui gouverne. Tel est généralement l'épilogue de tout ce processus ; mais il me semble que c'est par là qu'on aurait dû commencer : avoir un gouvernement qui gouverne ! » (7 janvier 1949)

Salazar

« Du moment qu'il existe plusieurs partis qui se disputent le pouvoir, deux hypothèses peuvent se produire : ou bien l'un d'eux dispose de la majorité et gouverne alors arbitrairement, suivant son programme (ce que nous pouvons appeler *une dictature légale démocratique*), ou bien aucun parti ne dispose de la majorité et le gouvernement ne peut être formé que sur la base d'une *coalition* de divers partis.

« Dans le premier cas, nous sommes pratiquement en dictature...

« Dans le second cas, nous avons un ministère de compromis, un agrégat hétérogène, un gouvernement précaire, sans programme défini, condamné d'avance à s'effondrer sous le premier choc des intérêts des partis (...).

« La conséquence la plus néfaste du régime des partis est l'instabilité gouvernementale. »

Mário Saraiva
(Les Piliers de la Démocratie)

« (...) Une fois désigné le Président du Conseil chargé de former le nouveau ministère, il rédige les différents points du programme de son gouvernement. Puis il les soumet à l'examen de chacun des secrétaires nationaux des partis de la coalition. Chaque secrétaire discute le programme avec les chefs des différentes factions de son propre parti... Puis, nouvelle rencontre avec le Président du Conseil désigné. Les secrétaires des partis exposent les revendications des chefs des différentes factions et s'efforcent de concilier tous les points de vue, y compris ceux du Président du Conseil... Et ce va-et-vient peut se poursuivre durant des semaines, car chaque proposition entraîne une contre-proposition, et toute conclusion doit être approuvée par l'ensemble des factions..,

« Une fois franchie cette première étape — l'approbation de son programme de gouvernement — le pauvre Président du Conseil désigné.., doit tout recommencer ! Pourquoi ?

« Mais parce qu'il s'agit maintenant de choisir les ministres. C'est ici que la lutte devient particulièrement dure et serrée. Chaque faction expose ses prétentions et soumet la liste de ses candidats ; mais ce n'est pas tout : elle présente également la liste des personnages politiques avec lesquels *elle ne désire pas* partager la responsabilité du gouvernement... Au milieu de toutes ces prétentions et de toutes ces critiques, le Président du Conseil s'efforce de constituer son équipe ministérielle. Et si le nombre des ministres n'est pas suffisant pour satisfaire à toutes les candidatures, alors on nomme des « ministres sans portefeuille », c'est-à-dire des ministres chargés de fonctions inventées pour la circonstance, uniquement pour justifier la nomination. Ainsi sont satisfaits les appétits des personnalités politiques les plus importantes. Mais il reste un grand nombre de personnages de second plan qui frappent à la porte du Pouvoir. C'est l'heure des récompenses pour les plus fidèles ; et c'est l'heure du châtiment pour les tièdes ; c'est l'heure des satisfactions et des grandes désillusions. Enfin, le Président du Conseil s'attaque à sa dernière tâche : élaborer la liste des sous-secrétaires ! Alors, si Dieu le veut, la grande bataille est terminée et, tandis que le Président du Conseil présente son ministère au Chef de l'État, les chefs des partis, eux, s'efforcent, à l'intérieur de l'organisation, de consoler ceux qui ne sont pas au nombre des élus en leur promettant, à titre de compensation, l'une des nombreuses sinécures dont dispose le Pouvoir. Mais il y a toujours des mécontents ; c'est pourquoi naissent immédiatement les germes d'une future crise " politique ". Tous ceux qui n'ont pas obtenu de poste éprouvent subitement une profonde " crise de conscience " ; ils se mettent immédiatement en quête de nouvelles alliances et se préparent à rendre la vie dure à leur propre parti et au gouvernement, avant même que celui-ci ait été approuvé par le Parlement... »

Umberto Mazzoti
(« *Comment naît un ministère* » :
Découvertes, n°56, déc. 1958)

« Dans tous les pays, les gouvernements, quelle que soit l'étiquette — de droite ou de gauche — dont ils se couvrent, doivent être les arbitres des aspirations et des revendications de groupes, de classes, ou de régions, et *les zélateurs permanents de l'intérêt général*.

« Quel que soit leur désir de favoriser la classe laborieuse, il y a des moments où les gouvernements socialistes sont obligés de dire *non* aux exigences excessives des syndicats ouvriers.

« Et, si conservateurs que s'intitulent d'autres gouvernements, il ne leur est pas possible non plus de s'opposer aux réformes nécessaires des structures, ni d'accéder au désir des entreprises de réaliser de plus grands bénéfices, quand l'équilibre économique risque d'en être affecté.

« C'est que l'on ne gouverne pas avec des étiquettes : il faut gouverner en accord avec les exigences -et les-nécessités de la Nation.

« Quant à moi, j'ai déjà expliqué publiquement que mon action gouvernementale ne serait ni de droite, ni de gauche : elle sera ce qui convient aux intérêts du pays. »

Marcello Caetano
(Discours du 2 avril 1971)

Dans les démocraties pures, le gouvernement est, comme on dit, "responsable" devant le Parlement. *Responsable* est une manière de parler. Il ne faudrait pas s'imaginer que le ministres soient tenus de rendre des comptes à l'Assemblée pour les erreurs plus ou moins graves qu'ils ont pu commettre dans l'exercice de leurs fonctions, qu'ils soient, en conséquence, passibles de sanctions plus ou moins graves, de même que, par exemple, un fonctionnaire ou un ouvrier responsable de fautes graves peut être tout bonnement et définitivement mis à la porte. Non, Dieu merci ! Responsable ici signifie simplement que, mis en minorité par l'Assemblée sur une " question de confiance ", le gouvernement est obligé de donner sa démission. Dans ce cas, chaque ministre redevient... simple député ! Avec le ferme espoir de redevenir ministre, sinon dans le prochain cabinet, ce qui est fréquemment le cas, du moins dans quelques mois ou dans quelques semaines, à l'occasion de la prochaine et inévitable crise ministérielle... Douce *responsabilité* !

En fait et en pure logique démocratique, la véritable responsabilité devrait retomber sur le Parlement, puisque, en définitive, c'est lui qui gouverne au nom du peuple. Mais qu'est-ce qu'une responsabilité partagée entre 500 ou 600 individus ? La responsabilité, pour être effective, ne peut être qu'individuelle, ne peut porter que sur une seule personne, ou tout au plus, porter sur un nombre limité de personnes. Elle ne peut porter sur une assemblée de 600 membres, où chacun, par le jeu de la majorité et l'application du principe de la discipline du parti, peut toujours rejeter la responsabilité sur les autres. D'ailleurs, le parlement lui-même peut rejeter la responsabilité sur la masse des électeurs, c'est-à-dire sur le peuple, puisque c'est lui, en fin de compte, qui a élu ses députés. Tout ceci est parfaitement (je veux dire démocratiquement) logique, parfaitement juste : nous avons vu le *Peuple Souverain* déléguer ses pouvoirs au Parlement ; le Parlement déléguer ses pouvoirs au Gouvernement ; et nous voyons la responsabilité retomber du Gouvernement sur le Parlement, et du Parlement sur le Peuple souverain. C'est juste, c'est logique : c'est le Peuple qui gouverne, c'est le Peuple qui supporte les responsabilités. Et, en réalité, c'est bien le Peuple qui paie, et parfois lourdement, les erreurs de ses gouvernants. Les gouvernants, eux, ne s'en portent pas plus mal, au contraire, puisque nous pouvons voir le Peuple, au long de plusieurs années, de plusieurs dizaines d'années, à travers les guerres, les révolutions, les crises, les scandales, les banqueroutes, confier systématiquement le pouvoir aux mêmes hommes qui, systématiquement, attirent sur lui les mêmes catastrophes. Ce n'est pas un régime : c'est un carrousel où passent et repassent, où montent et descendent les mêmes chevaux de bois délabrés ; c'est un jeu de massacre où les mêmes figures en carton pâte se redressent, hilares ou grimaçantes, immédiatement après avoir été *descendues* !

Instabilité

Du principe de la "responsabilité" du Gouvernement devant le Parlement résulte l'instabilité gouvernementale. La "valse des ministères" est la manifestation la plus symptomatique de l'État démocratique et est liée à sa propre structure : le Gouvernement dépendant constamment du vote de l'Assemblée, c'est-à-dire d'une *majorité* plus ou moins instable qui, à chaque instant, se fait et se défait au gré des intérêts et des combinaisons des partis, des ententes précaires et des intrigues de couloirs.

Lorsque les partis sont nombreux, il est rare qu'un seul parti (et donc un gouvernement qui serait composé exclusivement de ministres appartenant à ce parti) dispose au Parlement de la majorité absolue. Dans ce cas, il faut avoir recours aux ministères dits "de coalition", c'est-à-dire groupant des ministres appartenant à différents partis. Et ces ministères, en effet, ont coutume de durer... jusqu'au moment où ils doivent prendre une décision importante qui engage l'idéologie même des partis. Alors, devant l'irréductibilité de ces mêmes partis, le Gouvernement n'a plus qu'à donner sa démission, et la "valse des ministères" recommence...

Cette instabilité gouvernementale est le reproche le plus fréquent, le plus généralisé, classique, pour ainsi dire, que l'on formule contre la démocratie ; l'inconvénient est reconnu même par les démocrates les plus conscients. C'est pourquoi nous ne nous y attarderons pas. Il nous semble plus intéressant d'examiner les solutions qui ont été préconisées, et appliquées, *dans le cadre de la Démocratie*.

Une première "solution" — qui n'en est pas une, comme nous le verrons — est le bipartisme, c'est-à-dire l'existence, non pas d'une pluralité de partis plus ou moins importants, mais de *deux grands partis seulement* : c'est le parti qui remporte aux élections la majorité des suffrages qui assume, tout seul, durant x années, le gouvernement du pays. Ainsi, le problème de la stabilité est apparemment résolu.

Mais, en premier lieu, cette "solution" ne nous paraît pas très *démocratique*, ne serait-ce que parce que le parti au pouvoir exerce *en fait* (nous reviendrons sur ce point) et tant qu'il est au pouvoir, une véritable dictature (nous ne disons pas que ce soit plus mauvais, nous disons seulement qu'il ne s'agit plus d'une *authentique* démocratie ; nous reviendrons également sur ce point).

En second lieu, cette "solution" n'est pas, évidemment, une véritable solution : c'est un état de fait qui existe, ou qui n'existe pas, suivant le tempérament et les traditions des peuples. On ne peut pas, en effet, *décréter*, aux termes d'une loi ou de la Constitution, que les partis doivent être limités à deux ! Et, chez les peuples latins en particulier, essentiellement individualistes, critiqueurs, indisciplinés et frondeurs, les quelques tentatives réalisées dans, ce sens (la fameuse "bipolarisation" !) ont toujours échoué, et les partis — si partis il y a — ont automatiquement tendance à se multiplier à l'infini. Et je crois bien que chaque individu serait enclin à former son propre parti !...

D'ailleurs, on peut se demander si, même dans les pays où le *bipartisme* était jusqu'ici traditionnel, ce système, compte tenu de l'évolution des mœurs et des mentalités, se maintiendra encore longtemps. Il suffira de l'apparition d'un *troisième parti*, et que l'appoint des voix de ce troisième parti soit indispensable pour assurer une *majorité*, pour que, immédiatement, surgisse l'instabilité. Or il me semble qu'une tendance se dessine déjà, çà et là, dans ce sens.

Ainsi, le *bipartisme* n'étant pas, de toute façon, une solution à laquelle on puisse recourir pour remédier à l'instabilité gouvernementale, et, d'autre part, cette instabilité étant reconnue, même par les paladins les plus éclairés de la Démocratie, comme une des tares les plus graves de ce régime, il fallait tenter d'y porter remède. Alors, on a dit : puisque la cause immédiate de l'instabilité réside dans le principe de la responsabilité du Gouvernement devant le Parlement, autrement dit dans le fait que la survivance, la continuité, la stabilité du Gouvernement est à la merci d'un vote de confiance du Parlement, c'est bien simple : il n'y a qu'à supprimer ce principe, il n'y a qu'à supprimer cette dépendance. C'était très simple, en effet ; le pire, c'est que l'on na rien résolu.

Notons, en premier lieu, que cette "solution" représente une sérieuse entorse à la démocratie. En effet, le Parlement étant le représentant du *Peuple Souverain*, si le Parlement est réduit à un simple organe législatif, consultatif, ou même de contrôle (mais de contrôle purement platonique), autrement dit, si le Parlement ne gouverne plus, le peuple n'est plus souverain ; on n'est déjà plus en *Démocratie*. Ainsi se trouve confirmé l'axiome que nous avons déjà énoncé, et qui est en même temps un paradoxe, à savoir : la *Démocratie* sera d'autant plus viable... qu'elle sera *moins démocratique* ! Et cet axiome est d'une importance fondamentale dans ce réquisitoire que nous formulons contre la Démocratie. Car si on supprime ou si on limite le suffrage universel, si on supprime les partis, si on supprime le Parlement ou si on en limite les pouvoirs, nous aurons sans doute le régime, sinon parfait, du moins le moins imparfait possible, mais nous ne serons plus en Démocratie. Or nous ne prétendons pas aboutir à d'autre conclusion :

Pour sortir de l'impasse, il faut sortir de la Démocratie !

En second lieu, le fait de supprimer la responsabilité du Gouvernement devant l'Assemblée ne résout pas, en lui-même, le problème de l'instabilité gouvernementale. On sait que ce régime a été instauré en France par la Constitution de 1958. Et comme, depuis lors, nous avons eu une apparence de continuité gouvernementale, on nous dit : vous, voyez, c'était la solution ! On oublie tout simplement que si, durant cette période, nous avons eu cette apparence de stabilité, c'est que — en raison de circonstances dont nous n'avons pas à nous occuper ici, car elles n'ont absolument rien à voir avec la forme du régime — le parti au pouvoir a toujours disposé, à l'Assemblée (soit tout seul, soit avec ses alliés) de la *majorité absolue*, parfois précaire, mais majorité absolue, tout de même. Or il est évident que, même dans un régime démocratique pur, c'est-à-dire où le Gouvernement est responsable devant le Parlement, si le parti dispose à la Chambre de la *majorité absolue*, il peut gouverner, et il gouvernera tant qu'il disposera de cette majorité : il y aura stabilité. Nous en avons des exemples relativement récents dans le long règne des partis démocrates chrétiens en Italie, avec De Gasperi (une dizaine d'années) et en Allemagne avec Adenauer (quatorze ans) ; stabilité relative qui devait, tôt ou tard, finir par succomber, inévitablement, sous le coup de luttes partisanes, mais qui prouve que cette *stabilité gouvernementale*, dont on nous a tant, en France, rebattu les oreilles, n'est pas l'apanage d'un homme ou d'une Constitution.

Réciproquement, en France, et en dépit du régime institué par la Constitution de 1958, si des élections législatives avaient porté (ou portaient) au pouvoir une majorité d'opposition, il est évident que le Gouvernement aurait dû (ou devrait) donner sa démission. Pire encore : comme, à ce système, est associé un régime *présidentialiste*, où le chef de l'État gouverne effectivement, et gouverne sous une *étiquette partisane*, en tant que membre de la " majorité ", il ne me paraît pas douteux qu'il aurait été (ou qu'il serait) forcé de donner lui-même sa démission. Pire encore : il est très vraisemblable que le régime même n'aurait pas survécu (ou ne survivrait pas) à ce changement de majorité. Ainsi, non seulement le système institué par la Constitution de 1958 n'est pas, en lui-même, un remède contre l'instabilité, mais il aggrave encore cette instabilité, puisqu'il risque de l'étendre au chef de l'État et même au régime !

On voit, par conséquent, que l'instabilité politique, maladie, aiguë ou endémique, des démocraties, ne réside pas dans la nature des relations entre le parlement et le gouvernement. Elle réside dans l'existence des partis politiques.

Il n'y aura pas de véritable stabilité tant qu'on n'aura pas supprimé les partis.

LA PIRE DES DICTATURES

Il peut arriver, avons-nous dit, qu'un parti (c'est en particulier le cas dans le système du "bipartisme") ou qu'une coalition de partis apparentés, dispose d'*une majorité suffisante pour pouvoir gouverner pratiquement en maître absolu* pendant un certain temps, généralement la durée d'une législature, soit quatre ou cinq ans. Il y a alors, durant cette période, une relative stabilité gouvernementale. Seulement voilà, nous ne sommes plus en démocratie, nous sommes, pratiquement, en dictature. Sans doute, nous avons les journaux et les partis de l'*opposition* qui, *systématiquement*, attaquent et critiquent le gouvernement. Sans doute, nous avons les députés de l'*opposition* qui, *systématiquement*, attaquent et critiquent le gouvernement et qui, *systématiquement*, votent contre le gouvernement. Mais à quoi bon tout cela, puisque le gouvernement aura, *systématiquement*, sa majorité et finira par imposer sa loi ? Nous avons donc un gouvernement qui, au nom d'une partie des citoyens, impose sa volonté à l'autre partie. Cela s'appelle une *dictature*.

Ainsi, suivant qu'il dispose d'une *majorité incertaine ou solide*, nous voyons le gouvernement démocratique osciller constamment entre deux extrêmes : l'instabilité, autrement dit l'anarchie, et la dictature : mais la pire des dictatures, celle qui n'ose pas dire son nom et se cache hypocritement sous le voile de libertés apparentes et illusoires ; la pire des dictatures, parce que collective, anonyme, c'est-à-dire irresponsable ; la pire des dictatures, parce qu'ayant tous les inconvénients de la dictature, elle n'en a aucun des avantages : prisonnier du binôme majorité/opposition, gouvernant toujours, systématiquement, *contre* quelqu'un, sans cesse préoccupé de ne pas mécontenter, au moins, ses partisans, dépourvu de prestige et d'autorité, et n'étant, par conséquent, ni craint, ni obéi, ni respecté, le gouvernement démocratique est incapable de garantir l'ordre, la paix dans la rue et dans les usines, la justice, l'harmonie entre les différentes classes, entre les différentes activités, entre les différents intérêts particuliers, incapable de garantir la suprématie de l'intérêt général sur les intérêts particuliers.

Dictature, mais — et c'est encore un des paradoxes de la démocratie — dictature dérisoire, dictature de l'impuissance, dont l'autorité, pour imposer ses lois et ses volontés, ne repose pas sur la compétence, le prestige, la force des gouvernants, mais sur l'ignorance, l'indifférence, la passivité ou la veulerie des gouvernés.

Et le paradoxe apparaît dans toute son ampleur, si nous poussons notre analyse un peu plus à fond.

Le seul gouvernement logiquement, authentiquement *démocratique*, serait celui où *tous les partis* seraient représentés. Mais cette hypothèse est, normalement, absurde, puisque, du fait de l'existence légale de *partis* irréductiblement antagoniques, tout le fonctionnement du régime repose, nous l'avons dit, sur le binôme majorité/opposition.

Cependant, on a vu parfois, dans les moments de crise extrêmement grave, intérieure ou extérieure, où était en jeu la survivance même de la nation, se constituer, sous le signe de "l'union sacrée", de ces gouvernements formés de représentants de tous les partis (le verrait-on d'ailleurs aujourd'hui, alors que, entre autres circonstances, fonctionne *légalement*, dans la plupart des pays, un parti, le parti communiste, dont les intérêts et l'idéologie se situent en dehors de la nation ?). Ces gouvernements disposent généralement, et logiquement, de ce que l'on appelle les "pleins pouvoirs", votés par le parlement, qui se met ainsi lui-même en vacances.

Les partis en sommeil ; le parlement en vacances ; le gouvernement gouvernant en maître absolu : une fois encore, *on n'est plus en démocratie !*

Or je me demande : quel est ce régime qui n'est capable de fonctionner (et mal) que lorsque tout va bien, lorsque règnent l'ordre et la prospérité à l'intérieur et la paix aux frontières ? et qui est obligé de se renier lui-même en cas de crise ?

Un gouvernement digne de ce nom doit être capable de gouverner en toutes circonstances : quand tout va bien et quand tout va mal. Et ne serait-il pas plus logique, plus rentable, plus conforme aux intérêts du pays, d'avoir un gouvernement fort et autoritaire, qui saurait relâcher son autorité quand les circonstances le permettraient, plutôt qu'un gouvernement faible qui doit se renier toutes les fois qu'une crise l'impose, crise qui est généralement la conséquence, parfois irrémédiable, de sa propre faiblesse ?

La démocratie serait, peut-être, un régime acceptable pour un pays sans problèmes, s'il en existait un. Mais l'expérience nous montre qu'il n'en existe pas, et que tous les pays, même les plus petits, même les plus prospères, même les pays "sans histoires", sont, tôt ou tard, victimes, sur un plan ou sur un autre (politique, économique, social, intellectuel, civique ou moral) de la gangrène démocratique.

Incompétence

Comment s'explique le manque de prestige, le manque de respect, le discrédit, qui s'attachent au gouvernement démocratique ?

En premier lieu par son instabilité même. Comment respecter un gouvernement dont on sait qu'il ne durera que quelques mois ou quelques semaines ? Même si le fait d'avoir participé à un ministère qui a duré trois jours confère à tel individu le droit, jusqu'à la fin de sa vie, au titre de " Ministre " ou de " Président " !

En second lieu, parce que le peuple souverain ne saurait avoir un grand respect, une grande estime, une grande volonté d'obéissance à l'égard d'un gouvernement qui ne gouverne que parce que lui, peuple souverain, le veut bien, et qui ne gouvernera que tant que lui, peuple souverain, le voudra bien ; d'un gouvernement, en somme, dont le seul titre de légitimité réside dans un bulletin de vote !

En troisième lieu, parce que le gouvernement démocratique, gouvernement partisan, gouvernement de ce que l'on appelle *"la majorité"*, gouvernant toujours, systématiquement, contre quelqu'un, il sera, à son tour, la cible des attaques de ses adversaires de l'*opposition*. Et il n'est pas de gouvernement, si honnête, si bien intentionné soit-il, dont le prestige puisse résister aux attaques continuelles, aux accusations, aux calomnies, aux mensonges, aux injures, aux campagnes de presse, aux irrévérences des caricaturistes, aux sarcasmes des chansonniers, à l'exploitation habile des scandales, grands ou petits, mais toujours savamment montés en épingles, de la part de ceux pour qui le gouvernement, quel qu'il soit, sera toujours marqué d'une tare indélébile et impardonnable, à savoir qu'il est le gouvernement *des autres*.

Mais il est certain que le discrédit du gouvernement démocratique lui advient principalement de son incompétence ; et cette incompétence est inhérente à sa genèse même ; elle est, si je puis dire, congénitale.

Considérons un président du Conseil nouvellement désigné, devant la tâche ingrate de former le nouveau gouvernement. Nous le voyons tout d'abord considérablement limité dans son choix. Car ce choix n'est pas déterminé uniquement, il n'est même pas déterminé *essentiellement* par les qualités personnelles — l'intelligence, la culture, l'ardeur au travail, les connaissances, la compétence — du candidat : non ! Il est déterminé, *avant tout*, par l'*étiquette politique* dudit candidat, qui doit, évidemment, appartenir au parti, ou aux partis de la "majorité". Car on n'a jamais vu, sous un régime de partis, un chef de gouvernement confier un ministère à un membre de l'opposition ! On ne l'a même vu que très, très rarement, faire appel à une personnalité indépendante, "apolitique" : vous pensez bien que le *dosage* des ministères entre les différents partis de la majorité pose déjà des problèmes assez difficiles et que les portefeuilles, si bien nommés, ne sont déjà pas si nombreux pour contenter tous le amis ! On ne va pas les gaspiller en les distribuant à tort et à travers !

Il en résulte que les ministres sont presque systématiquement choisis parmi les *professionnels de la politique*, ceux que l'on appelle, péjorativement, les *politiciens*. Et nous avons déjà vu, au chapitre intitulé "le Parlement", comment les gens les plus sérieux, les plus honnêtes, les plus compétents, s'écartent, le plus souvent avec dégoût, d'une carrière politique aujourd'hui décriée et discréditée.

La preuve que les compétences n'abondent pas parmi les cadres dirigeants des partis politiques, c'est que, comme nous l'avons déjà noté, nous voyons, au long des années, et des dizaines d'années, les mêmes personnages faire partie des mêmes équipes ministérielles. Et la preuve que la compétence n'a d'ailleurs rien à voir avec la distribution des portefeuilles est que nous voyons les mêmes personnages passer successivement et indifféremment du ministère de la Marine au ministère de l'Éducation Nationale, du ministère des Travaux Publics au ministère de la Justice, et ainsi de suite. En sorte que, de deux choses l'une : ou bien ces gens-là sont des espèces de génies, au savoir encyclopédique, mais alors ça se verrait ! Ou bien — et c'est la conclusion à laquelle nous sommes forcés d'aboutir — la compétence n'entre pas pour grand-chose dans leur désignation ; ce qui compte, essentiellement, c'est l'étiquette politique.

Je ne dis pas que la plupart des ministres soient des nullités, entièrement dépourvus de toute valeur. Je reconnais, au contraire, qu'ils peuvent être très intelligents, brillants, cultivés, beaux parleurs, voire éloquents, spirituels, sportifs, élégants ou même séduisants — toutes qualités qui expliquent et justifient leur ascension, plus ou moins rapide, plus ou moins fulgurante, aux différents degrés de la carrière politique, surtout depuis que les femmes ont acquis le droit de vote ! Je dis que ce ne sont pas là les qualités que l'on serait en droit d'exiger de ministres chargés de secteurs hautement spécialisés et lourds de responsabilités, de l'administration publique.

Colbert, le grand ministre de Louis XIV, était un homme bourru, « *sévère et dur, de mine renfrognée, d'abord glacial — Madame de Sévigné l'appelait le Nord. Mais il avait le génie du travail et de l'ordre. Il ne trouvait de satisfaction que dans un labeur effréné. Il entrait dans son cabinet de travail le matin à cinq heures et demie et ne travaillait guère moins de seize heures par jour. Doté d'un esprit clair et méthodique à l'extrême, il savait admirablement "débrouiller" les affaires les plus difficiles. C'était un travailleur acharné dont le moindre souci était de plaire*(15). »

Fouquet, au contraire, le grand adversaire de Colbert, « *était un virtuose de la finance, jonglant avec les millions, ne distinguant pas toujours les siens de ceux de l'État, mais aussi un charmeur, infiniment séduisant*(16)... »

Dans une bataille électorale qui eût opposé Fouquet à Colbert,

---

15. *Cf.* Malet et Isaac : *Manuel d'Histoire (Cours de seconde.)*
16. *Ibidem.*

Mme de Sévigné et ses amies — nous le savons auraient *voté* pour Fouquet !...

Et cela au siècle de la raison, du bon sens, de l'*élite*, de l'*honnête homme*, alors que n'existaient pas encore la radio, la télévision, les affiches et les slogans électoraux ! Que serait-ce aujourd'hui ?...

Techniciens ou Technocrates ?

Il résulte de ce qui précède que n'importe qui peut occuper n'importe quel ministère. C'est ainsi que l'on peut voir un médecin à la Justice, un ingénieur aux Affaires Étrangères, un professeur de lettres aux Travaux Publics, et des avocats partout.

L'opinion des hommes de bon sens est qu'il serait normal que l'on plaçât à la tête de ministères spécialisés des spécialistes (un ingénieur aux Travaux Publics, un professeur à l'Éducation nationale, un militaire aux Armées, un juriste à la Justice, un diplomate aux Affaires Étrangères) ou, si l'on veut, des *techniciens*.

Je dis bien techniciens et non *technocrates* !

Ce qui distingue le *technicien* du *technocrate*, c'est que le premier est avant tout un homme comme les autres, doté d'une âme, d'une sensibilité, d'un idéal, pour qui la technique n'est qu'un instrument qu'il met au service de ses concitoyens, de sa patrie, de son idéal. Le technocrate, au contraire, est une espèce de robot, sans âme, sans sensibilité, sans idéal, pour qui rien ne compte en dehors des chiffres, des statistiques, des raisons d'échanges, des indices de production et de consommation, de l'offre et de la demande, des niveaux de vie, pour qui la technique n'est pas un moyen, mais une fin en soi, et qui ne vise qu'à transformer ses concitoyens en des êtres, sans doute bien soignés, bien vêtus, bien alimentés, mais robots comme lui, sans âme, sans sensibilité et sans idéal !

S'il me fallait choisir entre les politiciens, idéologues plus ou moins fumeux et illuminés ou simplement arrivistes, et les robots-technocrates, je serais très embarrassé : les uns et les autres sont aussi calamiteux. Mais les premiers sont tout de même plus sympathiques.

L'Intérêt du Parti et l'Intérêt National

Nous devons rappeler ici brièvement ce que nous avons déjà dit au chapitre intitulé « Les Partis contre la Nation ».

Le gouvernement démocratique étant le gouvernement d'un parti (ou d'une coalition de partis apparentés, ce qui revient au même), gouvernant au nom du *programme*, des principes, de l'*idéologie* d'un parti, contre une opposition qui soutient un programme, des principes, une idéologie contraires, il est évident que toute les fois que le gouvernement devra choisir entre l'intérêt national et la fidélité aux principes, à l'idéologie du parti, l'intérêt national sera sacrifié à l'intérêt du parti. Il ne serait pas difficile d'en citer de nombreux exemples. Je rappellerai seulement les cas (également mentionnés dans ce même chapitre) de Léon Blum — « *Comment le chef du gouvernement de Front Populaire pourrait-il négocier avec Mussolini ?!* » — et de Daladier — « *Sans doute d'intérêt de la France serait-il de reconnaître le gouvernement de Franco, mais si je le fais, je perds ma majorité !* ».

À ces exemples, j'opposerai celui du professeur Marcello Caetano, président du Conseil des Ministres portugais, qui, dans un récent discours (2 avril 1971), déclarait en substance : si l'intérêt national exige que je fasse une politique " de gauche ", je ferai une politique de " gauche " ; si l'intérêt national exige que je fasse une politique " de droite ", rien ne m'empêchera de la faire...

Il est bien évident que jamais le président Caetano n'aurait pu faire pareille affirmation s'il avait appartenu à un parti, même du *centre* !

Jean Haupt

Le Salut dans le "Centre" ?...

Certains, en effet, ont voulu voir, dans cette déclaration de Caetano, la volonté d'appliquer une politique du *centre*, voire le prélude à la création d'un parti *centriste*. Cette hypothèse est évidemment absurde. Car le *centre* est un *parti*, comme les autres, donc un parti *limité* dans son action, je dirai même encore *plus limité* !

En effet, paraphrasant la déclaration du professeur Caetano, je crois qu'on pourrait lui faire dire, sans trahir sa pensée :
— Si l'intérêt national exige que je fasse une politique d'extrême gauche, je ferai une politique d'*extrême gauche*. (Car il est évident que l'intérêt national, par définition, ne pourra jamais consister à livrer le pays au désordre et à l'anarchie, et encore moins au communisme international).
Et :
— Si l'intérêt national exige que je fasse une politique d'extrême droite, je ferai une politique d'*extrême droite*. (Car il est évident que, par définition, l'intérêt national ne peut consister à livrer le pays à la domination d'un homme ou d'une classe, encore moins à la domination de la ploutocratie internationale).

Or comment un homme du *centre*, et précisément *parce qu'il est du centre*, pourrait-il pratiquer une politique de gauche ou d'extrême gauche, de droite ou d'extrême droite ?

Il se trouve cependant que la formule *centriste* séduit parfois un grand nombre de citoyens, parce qu'elle répond à leur penchant à la facilité, à leur conception du « *pas d'histoire !* », de « *la bonne moyenne* », du « *ni trop peu ni trop* » en un mot de la médiocrité, plus ou moins dorée.

Mais il est évident que la situation du monde actuel et le mal dont sont atteintes les nations de l'Occident ne peuvent se concilier avec le traitement aux cataplasmes et aux tisanes du centrisme.

Le mal impose une opération chirurgicale : précisément celle qui consistera à extirper le cancer démocratique.

Le Gouvernement Gouverné

Il nous reste à formuler un dernier argument, peut-être le principal, contre le gouvernement démocratique.

En démocratie, le gouvernement gouverne au *nom* du peuple souverain, ou plutôt au nom de la majorité, et conformément à la *volonté* de la majorité. Et c'est une opinion aujourd'hui généralisée qu'il est impossible de gouverner *sans l'assentiment de la majorité du pays*.

C'est partir du principe que l'opinion, la volonté de la majorité, *est toujours conforme à l'intérêt de la nation*. C'est évidemment faux.

Placé devant l'alternative d'avoir à choisir entre son intérêt, sa tranquillité, son bien-être immédiats, c'est-à-dire la solution de facilité, et l'intérêt permanent de la nation (qu'elle est d'ailleurs le plus souvent incapable de prévoir ou de comprendre), c'est-à-dire la solution du sacrifice, la majorité optera pour la solution de facilité, au risque d'engager l'avenir, l'indépendance, la survivance même de la Nation. Nous en avons des exemples (17).

Dans une telle alternative, le gouvernement qui gouverne a le devoir et doit avoir la possibilité d'*imposer* la solution qui sauvegarde l'avenir, l'intégrité, l'indépendance de la Nation, même au sacrifice des intérêts immédiats, même contre la volonté de la majorité.

Le gouvernement démocratique, émanant de la volonté de la majorité, est, par définition, incapable de le faire. D'autre part, sa survivance même, dépendant du *vote de la majorité*, il est évident qu'il évitera de faire quoi que ce soit qui puisse mécontenter profondément cette " majorité ".

---

17. Voir plus haut, au chapitre sur le Suffrage universel — « *La majorité infaillible* ».

Jean Haupt

En démocratie, le gouvernement ne gouverne pas. Il est gouverné. Gouverné par son parti, gouverné par le parlement, gouverné par la presse, gouverné par les syndicats, gouverné par la " majorité ".

VII

L'ÉTAT SANS CHEF
ou
LA FEMME SANS TÊTE

Témoignages

« Et c'est toujours ainsi, au milieu des railleries et des brimades et de cris d'animaux de basse-cour, à grands coups de poing sur le haut de forme et de tapes sur le ventre, qu'est traité un brave et honnête fonctionnaire, correct et respectable, mais qui a, aux yeux des uns, le défaut impardonnablement grotesque d'être le Président... des autres. »

Ramalho Ortigão
(Dernières Banderilles. Env. 1912)

Les Chefs partout ou : Nécessité du Chef

*J*E crois bien que la première fois que des hommes ont éprouvé le besoin de se grouper en une communauté, un *chef* a surgi à la tête de la communauté, soit qu'il ait été choisi par ses compagnons, soit qu'il se soit imposé à eux, soit, vraisemblablement par une symbiose de ces deux processus : les hommes ayant acclamé et accepté celui qui, par son courage, sa force, son intelligence, s'imposait à eux, gagnait leur confiance, se montrait digne de les commander, de les guider et de les protéger. Cette nécessité du chef n'a fait que s'élargir et s'accentuer au fur et à mesure que les sociétés devenaient plus vastes et plus complexes. Je pense qu'il n'y a jamais eu, et je ne pense pas qu'il y ait aujourd'hui, quelque part dans le monde, une communauté humaine, quels que soient sa race, sa couleur, son degré de développement, ses croyances, son régime politique, qui n'ait à sa tête un *chef*, quels qu'en soient le nom et la modalité de désignation. Et ce n'est pas seulement vrai pour les sociétés politiques (tribus, États ou nations), mais encore pour les sociétés religieuses, commerciales, industrielles, culturelles, sportives, récréatives... Des États-Unis d'Amérique à l'Amicale des Joueurs de Belote de Barbentane, tous ont leur *président*, "illustre", "glorieux" ou "éminent", "vénéré", ou, pour le moins "vénérable", "bien-aimé", "cher" ou tout bonnement "sympathique". Il n'est jusqu'aux communistes, aux gauchistes et aux anarchistes qui, un peu paradoxalement, n'aient, eux aussi, leurs chefs ou leurs *cabecillas* (sans parler de leurs dieux et de leurs idoles), Staline ou Mao-Tsé-Toung, Che Guevara ou Cohn-Bendit...

Jamais autant qu'en notre époque contestataire, où l'autorité et la hiérarchie sont constamment rejetées et bafouées, la nécessité du chef n'a été aussi universellement ressentie.

Je ne vois pas d'autre explication à ce phénomène apparemment paradoxal, sinon que les chefs ne sont pas de vrais chefs.

Le Rôle du Chef de l'État

Les fonctions qui sont dévolues au chef de l'État (celui qui nous intéresse naturellement ici) sont essentiellement au nombre de trois :

— une fonction de commandant, de guide, d'orientateur suprême de la Nation ;
— une fonction d'arbitre suprême ;
— une fonction de représentant suprême de la Nation.

Suivant les régimes, les idéologies, les tempéraments, l'une ou l'autre de ces fonctions peut être plus ou moins accentuée, ou plus ou moins inexistante. Mais un fait est certain, c'est qu'*aucune d'elles ne pourra être effectivement et efficacement exercée si le chef de l'État n'est pas reconnu, appuyé, ou tout au moins accepté par l'unanimité, ou tout au moins par l'immense majorité de la Nation.* Si le chef de l'État est aussi et surtout un chef de parti, s'il est, de ce fait, contesté par une faction importante du pays, il ne commande pas ; il commande à ses partisans, et encore ! Et comment peut-il jouer le rôle d'arbitre, si son autorité n'est pas unanimement reconnue ? Et comment peut-il s'ériger en représentant de la Nation, s'il ne représente, chiffres (officiels) en main, guère plus que cinquante pour cent de ses concitoyens ?!

Un Roi Constitutionnel ou : Un Président Héréditaire

Mais l'expression de Maurras nous impose quelques réflexions préliminaires.

Jusqu'à présent, au long de ce procès de la démocratie, nous avons jugé inutile toute distinction de régimes (république démocratique ou monarchie démocratique), étant donné que les principes et les institutions que nous avons critiqués sont communs à l'un et à l'autre, et que nous sommes convaincus, avec Ramalho Ortigão, qu'entre « *la monarchie constitutionnelle parlementaire et la république parlementaire constitutionnelle* », il n'y a aucune différence. « *Ce qui me répugne, c'est la tyrannie occulte du suffrage sur laquelle ils se fondent, et l'absurde intervention des urnes dans la résolution d'un problème aussi délicatement scientifique que celui du gouvernement des peuples.* »

Cependant, comme, sur ce chapitre du chef de l'État, il y a tout de même une différence, il faut bien que nous nous en occupions.

Comme le roi constitutionnel ne gouverne pas plus, ou même moins, qu'un président de la République, on a dit qu'il n'était qu'un " président héréditaire ". « *Mais c'est précisément en cela — nous disent certains monarchistes — que réside la grande différence : le roi n'est pas élu. Il est roi à vie, et héréditaire.* » Effectivement, cela permet d'économiser de cinq en cinq ans, ou de sept en sept ans. En toute franchise, j'estime que l'enjeu n'en vaut pas la chandelle. Quelle importance, en effet, puisque le roi n'est pas élu, sans doute, mais ne gouverne pas ? Et que ceux qui gouvernent, ce sont ceux qui sont *élus* ?

Mais il y a plus grave.

Un roi, même constitutionnel, est un homme comme les autres, je veux dire un homme qui pense ; d'autant plus qu'il est, par définition, cultivé, qu'il a reçu une formation spéciale, intellectuelle, morale, religieuse, politique, philosophique. Dans une monarchie constitutionnelle et *partisane* où existent des partis aux idéologies diverses et souvent antagoniques, il n'est pas possible que le roi n'ait pas, lui aussi, sa petite idée sur l'homme, sur la vie — sa « conception du monde », comme disent les Allemands —et, en particulier sa conception personnelle sur ce qui est favorable et sur ce qui est contraire aux intérêts du peuple et de la Nation : en un mot, il est impossible qu'*il ne prenne pas parti*, lui aussi, serait-ce dans son for intérieur. Lorsque ses opinions, ses convictions, coïncident plus ou moins avec l'idéologie et la politique du parti au pouvoir, tout est à peu près normal. Mais que dire lorsque c'est le parti opposé qui l'emporte ? Comment un *roi* peut-il cautionner un gouvernement dont il n'approuve pas la politique ? Comment un *roi* peut-il sanctionner des décisions dont il est intimement convaincu qu'elles sont contraires à l'intérêt national ? Et comment un *roi* peut-il prononcer publiquement et solennellement un discours, dit discours « du Trône », ou « de la Couronne », qui n'a pas été rédigé par lui, et où sont exprimées des idées qui ne sont pas les siennes ? Vraiment, ça a toujours été pour moi un motif de stupéfaction qu'un roi pût se prêter à une telle mascarade, et qu'il y ait des gens, qui se disent monarchistes, et qui se contentent, ou qui seraient prêts à se contenter, d'un tel roi !

Il ne peut y avoir de roi là où il y a des partis.

Le Président "des Autres"

Les paladins de la Démocratie ont une curieuse théorie pour ce qui est de l'attitude des citoyens à l'égard du Chef de l'État, et du Chef de l'État à l'égard des citoyens. Voyons.

Considérez un individu chéri des dieux qui a eu le bonheur suprême de naître citoyen d'une démocratie. Dès les bancs de l'école primaire, on s'appliquera à lui inculquer la conscience de ce bonheur ; on lui remontrera en particulier la chance qu'il a d'être un citoyen *libre*. On lui enseignera qu'un des privilèges que lui confère la démocratie est d'*élire* lui-même ses gouvernants et d'élire, en particulier, le Président de la République (directement ou indirectement, le fait n'a, comme nous le verrons, pour notre démonstration, aucune importance).

Le voilà majeur, muni de sa carte d'électeur, à la veille d'élections présidentielles. Durant des semaines, en citoyen conscient et consciencieux, il lit attentivement tous les journaux, les affiches, les brochures, les prospectus ; il assiste à toutes les réunions électorales ; il écoute religieusement les déclarations des candidats. Comble de sollicitude, on lui donne encore quarante-huit heures "pour méditer"... Le grand jour venu, après s'être formé, comme on dit, « une opinion objective et impartiale », il dépose enfin son bulletin dans l'urne, en faveur du candidat de son choix... Mais ici prend fin le bonheur de notre citoyen : c'est l'autre candidat, le candidat du *parti* opposé, qui est élu ! Et voici qu'on vient lui dire :

> « *Maintenant, c'est fini, oubliez tout ! Les discours, les journaux, les affiches, les arguments qui vous ont convaincu, vos convictions ! Oubliez ! Les urnes ont parlé : votre devoir est de vous rallier au Président élu : c'est lui votre Président !* ».

Est-ce possible ?

Mais oui, c'est possible, nous disent nos démocrates impénitents ; car ce candidat, une fois élu, n'est plus le représentant d'un parti, c'est le représentant de tous les citoyens, c'est le chef, l'arbitre : *il est au-dessus des partis*.

Alors, reprenons les choses depuis le début.

Considérons ce jeune citoyen, à sa sortie de l'école, dûment instruit et formé dans la saine doctrine démocratique. Nous le voyons maintenant, en toute connaissance de cause, et en obéissance à ses *convictions politiques*, s'inscrire à un *parti* ; nous le voyons militer au nom du *parti* ; nous le voyons, sous l'étiquette de son parti, poser sa candidature à la Chambre des Députés ; nous le voyons siéger au Parlement, comme représentant de son *parti* ; et comme il s'agit d'un sujet d'élite, nous le voyons bientôt chargé d'un ministère, *en tant que membre de son parti* ; nous le voyons, enfin, poser sa candidature à la Présidence de la République, en tant que représentant, toujours, de son *parti*, contre des candidats d'*autres partis*. Il est élu. Et c'est alors que l'on vient nous dire : maintenant, c'est fini ; cet homme n'est plus le représentant d'un parti : c'est le Chef de l'État, c'est l'arbitre suprême, *au-dessus des partis* ! Est-ce possible que ce partisan, ce *militant*, oublie ses convictions de toute une vie, oublie ses luttes, ses sacrifices de toute une vie en défense de ses convictions ? Est-ce logique même, alors que, parvenu au sommet de sa carrière politique, il semblerait que ce fût, au contraire, l'occasion d'imposer ses principes, ses convictions, et de les mettre en pratique ? On est tenté de répondre immédiatement : non, ce n'est pas possible ! non, ce n'est pas logique ! Mais, comme nous ne voulons rien laisser dans le vague, nous irons jusqu'au bout de notre argumentation.

Nous devons donc considérer deux hypothèses :
— Ou bien le Président de la République *ne gouverne pas* et en est réduit à de vagues fonctions représentatives, ou décoratives, comme c'est le cas dans les démocraties de type classique, c'est-à-dire non présidentialistes. Dans ce cas, il se

trouve *dans la même situation que le roi constitutionnel* dont nous avons parlé plus haut, et nous devons lui appliquer les mêmes arguments. Car nous ne commettrons pas le sacrilège de supposer que le Président de la République, qui a été élu comme le candidat d'un *parti*, n'a pas de convictions personnelles ! Que les convictions qu'il a affichées durant toute sa vie n'étaient qu'une étiquette, choisie au hasard ou à la suite de supputations habiles, ou bien encore une simple couleur sur laquelle il a misé !...

— Ou bien le Président de la République gouverne *effectivement*, dans un régime de type présidentialiste. Dans ce cas, ayant été élu comme représentant d'un *parti*, par les électeurs de ce *parti*, il ne peut, logiquement, gouverner que conformément à la volonté, aux principes, à l'idéologie du parti ; il ne peut gouverner qu'en tant que chef d'un *parti*, et non en tant que chef de l'État. Il sera alors, logiquement, sujet à toutes les critiques, à toutes les attaques, des partis adverses. Il ne pourra se poser, ni aux yeux de ses concitoyens, ni aux yeux de l'étranger, comme le représentant suprême de la Nation. Il ne sera véritablement, que le *Président... des autres !*

Nous sommes partis, pour notre raisonnement, de l'hypothèse où le Président de la République était élu au suffrage universel direct. Mais il est évident que nous aboutirions exactement aux mêmes conclusions s'il était élu par une Assemblée à base partisane. Qu'il soit élu en effet par tous les électeurs d'un *parti*, ou par les députés de ce *parti* (représentant les électeurs), il sera toujours l'élu d'un *parti*.

Cette étude étant le procès global de la Démocratie, et la *condamnation globale* de la Démocratie, il nous intéresse peu en vérité de choisir entre les deux procédures. Je dirai seulement que l'élection du Chef de l'État par les Chambres me paraît s'entourer tout de même d'un peu plus de dignité. Elle épargne au futur Chef de l'État les critiques, les attaques, les injures, les sarcasmes, les "cris d'animaux de basse-cour", qui sont la marque habituelle des campagnes électorales à base partisane. En outre, comme les députés sont *élus*, ils constituent, apparemment tout au moins, une *élite*, et l'on a donc au moins l'impression que le Chef de l'État a été proclamé par une *élite*, au lieu de l'être par une masse ignorante et déchaînée.

Mais, dans tous les cas, je le répète, il n'est pas l'élu de la Nation, il est l'élu d'un *parti*.

Nous sommes, dans tous les cas, devant un dilemme :
— ou bien le Président de la République ne gouverne pas et ce n'est pas un *Chef* de l'État, ce n'est qu'une vague figure représentative ou simplement décorative qui n'a même pas la possibilité d'exprimer, et encore moins de faire prévaloir, ses convictions personnelles (puisque nous avons admis qu'il en avait) ;
— Ou bien le Président de la République gouverne effectivement, et il n'est pas le *Chef de l'État* : il est (tout au plus) le *Chef d'un parti*.

Pour sortir du dilemme, il faut supprimer les partis :

Il faut sortir de la Démocratie.

VIII

CONCLUSION
L'INFRANCHISSABLE ABÎME

Témoignages

« De toutes les formes sociales usitées dans le genre humain, la seule complète, la plus solide et la plus étendue est évidemment la nationalité (...). Les relations internationales, qu'elles soient politiques, morales ou scientifiques, dépendent du maintien des nationalités.

« Si les nations étaient supprimées, les plus hautes et les plus précieuses communications, économiques ou spirituelles, de l'univers seraient également compromises ou menacées : nous aurions à craindre un recul de la civilisation. Le nationalisme n'est donc pas seulement un fait de sentiment : c'est une obligation rationnelle et mathématique. »

Manifeste de l'action française
du 15 novembre 1899
*(Cité par Jacques Ploncard d'Assac
dans « Doctrines du nationalisme »)*

« La Nation, pour quelques-uns, sans doute, association transitoire ou permanente d'intérêts matériels, est surtout, pour nous, une personnalité morale qui s'est constituée à travers les siècles, grâce au travail et à la solidarité de générations successives, liées par des affinités de sang et d'esprit, et à laquelle — nous n'hésitons pas à le croire — est attribuée, sur le plan providentiel, une mission spécifique dans l'ensemble de l'humanité. »

Salazar

« (...) Le postulat de l'excellence de la démocratie est Un postulat exactement semblable à celui de l'excellence du marxisme. Et c'est aussi un moyen d'intervention, exactement comme le marxisme.

« Nous ne sommes plus des hommes libres, et nous ne le sommes plus depuis que le tribunal de Nuremberg a proclamé qu'au-dessus de nos volontés nationales, il y avait une volonté universelle qui avait seule le pouvoir d'écrire les vraies lois.

« Désormais, cette conscience claire du devoir, l'ordre du souverain, est déchue de sa toute-puissance. L'indiscutable, le certain est aboli partout. L'édit placé sur le mur n'a plus d'autorité. L'obéissance au magistrat est affaire de circonstance. Il n'est plus permis à personne de dire : la loi est la loi, le roi est le roi. (...) L'État n'a plus de forme, la cité n'a plus de murs. Un souverain nouveau ; sans capitale et sans visage, règne à leur place désormais. Son tabernacle est un poste de radio. C'est là qu'on entend chaque soir la voix à laquelle nous devons obéissance, celle du super-État qui a la primauté sur la patrie. (...)

« Désormais, c'est la démocratie qui est la patrie, et la patrie n'est plus rien si elle n'est pas démocratique. (...)

« Les différences nationales seront peu à peu laminées. La loi internationale s'installera d'autant mieux que la loi indigène n'aura plus, de défenseurs. (...) Et d'un bout à l'autre du monde, dans des villes parfaitement pareilles, puisqu'elles auront été reconstruites après quelques bombardements, vivra, sous des lois semblables, une population bâtarde, race d'esclaves, indéfinissable et morne, sans génie, sans instinct, sans voix. L'homme déshydraté régnera dans un monde hygiénique. D'immenses bazars, résonnant de pick-up symboliseront cette race à prix unique. Des trottoirs roulants parcourront les rues. Ils transporteront chaque matin, à leur travail d'esclave, la longue file des hommes sans visage et ils les ramèneront le soir. Et ce sera la Terre promise. »

Maurice Bardèche
(Nuremberg ou la Terre promise)

Tout pour la Nation
Rien contre la Nation

Les Nations, en tant que communautés naturelles, fondées sur les affinités géographiques, physiques, morales, linguistiques, culturelles et traditionnelles des individus qui les composent, ont existé de tout temps, bien avant que les termes *nation* et, surtout, nationalisme, de création récente, aient été inventés.

Tout ce que l'humanité, depuis des millénaires, a réalisé de grand, de noble, de glorieux, de génial, d'immortel, en un mot, d'*universel*, porte la marque de la nation qui l'a réalisé.

Pour ne pas remonter plus haut, Shakespeare, Camoëns, Dante, Michel-Ange, Racine, Goethe, Beethoven, sont des génies universels ; mais ils sont, d'*abord* anglais, portugais, italiens, français, allemands ; c'est par la profondeur de leur *nationalisme* qu'ils atteignent à l'*universel*. On n'a pas encore écrit de chef d'œuvre en espéranto !

Comme je l'ai déjà dit quelque part, à propos de l'Europe, la nature nous enseigne qu'il n'est de Beau, d'Harmonie, d'Unité, qu'il n'est de vie possible que dans la *variété* et la *diversité*. La fleur que nous admirons est formée de sépales, de pétales, d'étamines, d'un pistil, et chacune de ces parties se compose elle-même d'une infinité d'éléments. Le visage que nous aimons englobe le front, les yeux, les lèvres, les oreilles. Vouloir supprimer les nations au nom de l'humanité, c'est nous préparer un monde abstrait, sans nom et sans visage, un monde de cauchemar.

La vie au sein de la communauté nationale est donc une *nécessité* naturelle, vitale des individus, nécessité qui s'étend du plan matériel et économique, jusqu'aux sphères les plus élevées de la vie morale et spirituelle.

Supprimez les nations et les hommes périront, tels des poissons abandonnés sur le rivage, dans les soubresauts d'une lente agonie.

Il en résulte une chose très importante : on s'est habitué à considérer le *nationalisme* comme une simple *option* volontaire, politique ou philosophique, parmi tant d'autres *possibles* (socialisme, communisme, royalisme, etc.). Il n'en est rien. Le nationalisme n'est pas une doctrine, encore moins un parti que l'on combat ou auquel on adhère. On ne devient pas nationaliste, on est, ou mieux, on naît nationaliste, précisément comme on naît français, anglais ou allemand. Le nationalisme est un sentiment inné, au même titre que l'amour filial ou que l'amour maternel.

Certains m'objecteront :

« tout ce que vous dites est bien beau ; mais la vérité est que ce sentiment dont vous nous parlez, le nationalisme, nous ne l'éprouvons pas, et vous savez bien que nous ne sommes pas les seuls et que nous sommes de plus en plus nombreux à ne pas l'éprouver ».

Sans doute. Mais il y a aussi des enfants qui n'aiment pas leurs parents, et des mères qui n'aiment pas leurs enfants. Ce sont précisément des cas *anormaux, irréguliers*, bien que certains s'efforcent de les ériger en règle. Il y a des gens qui renient, ou qui trahissent leur patrie ? Sans doute. Il y a aussi des enfants qui tuent leurs parents, et des mères qui tuent leurs enfants. Ce sont des monstres, bien que certains, n'en doutez pas, s'attachent à les ériger en modèles, tout comme l'inceste et la pédérastie. Il n'est que voir la campagne menée par les progressistes de tous les pays en faveur de l'avortement *légal*.

Si l'on assiste aujourd'hui, effectivement, à une décadence, tout au moins apparente, du sentiment national, la faute en est à notre éducation, ou plutôt à notre carence d'éducation, ou, pire encore, à une éducation *intentionnellement dénationalisante* :

« Car seul celui qui, par l'éducation et l'école, a appris à

connaître la grandeur culturelle, économique et surtout politique de sa propre patrie, éprouvera l'orgueil intime d'appartenir à un tel peuple. Et je ne peux combattre que pour ce que j'aime ; je ne peux aimer que ce que j'estime ; et je ne peux estimer que ce que je connais. »

(Adolf Hitler, *Mein Kampf*, édition originale, p. 34, 35.)

La vérité, cependant, et ceci vient singulièrement à l'appui de notre thèse nationaliste, est que, malgré les efforts persistants mis en œuvre par les forces de la subversion internationale dans le sens de la dénationalisation des peuples, le sentiment national, en tant que sentiment naturel, inné, existe et persiste dans l'immense majorité des individus, même si, semblables à M. Jourdain qui faisait de la prose sans le savoir, ils ne s'en rendent pas compte ; même si l'on assiste à de curieux transferts, ou déviations, de ce sentiment, surtout chez les jeunes, qui *ignorent* les gloires impérissables, les noms immortels et universels de leur histoire nationale, et qui reportent toutes leurs réserves d'enthousiasme sur leur *idole* d'un jour, athlètes ou chanteurs en vogue. Nous connaissons des gens pour qui la patrie est une chose désuète, périmée, ridicule, la patrie qui les a vus naître, la patrie qui a façonné leur corps, leur caractère et leur esprit, la patrie qui leur a donné une langue, une éducation, une culture, et qui sont toujours prêts à prendre feu et flamme, à tout sacrifier, voire à se battre, pour leur équipe de football...

Autre remarque : c'est dans les pays qui s'attachent à miner dans les autres pays le sentiment national que l'on trouve le nationalisme le plus exacerbé. Je songe en particulier à la Russie, à la Russie qui possède une des plus puissantes armées *nationales* (pas communiste, russe) du monde, tandis que les communistes des autres pays sont, comme on le sait, farouchement antimilitaristes ; à la Russie qui ne perd jamais une occasion d'exalter les hauts faits et les noms glorieux de sa vie *nationale* (pas communiste, russe). C'était vraiment une idée géniale — géniale et simple, comme toujours : il fallait y songer ! — que de se servir de l'internationalisme et de l'antinationalisme comme instruments du nationalisme et de l'impérialisme les plus farouches qui aient jamais animé une nation ! Cela dénote surtout une claire vision du profit que l'on pouvait tirer de l'exploitation de l'ignorance et de la bêtise humaines. Car il faut une forte dose d'ignorance et de bêtise pour croire sincèrement que les dirigeants du Kremlin, ou le vieux Mao-Tsé-Toung du fond de la Chine se préoccupent du sort du *métallo* de Saint-Denis ou du paysan du Vaucluse !

Et il ne manquera pas de gens pour me dire : « *Mais les Russes peuvent bien être nationalistes, eux, car ils ont des raisons d'admirer et d'aimer leur pays !* » C'est vrai, et ce n'est pas moi qui le nierai. Car s'il est vrai que les Russes peuvent être nationalistes parce qu'ils ont des raisons d'admirer et d'aimer leur pays, il est encore plus vrai que c'est parce qu'ils sont nationalistes qu'ils ont des raisons d'admirer et d'aimer leur pays. Et ceci nous amène au cœur du problème. Que deviendrait le monde, quel immense chaos, quelle anarchie, quels déchirements, si, à chaque instant, des citoyens pouvaient renier, trahir leur pays en faveur d'un autre, sous prétexte que celui-ci diraient-ils, est plus grand, plus fort, plus développé, plus juste, plus avancé ? ! Que deviendraient les sociétés humaines si les enfants se mettaient à mépriser et à renier leur père, sous prétexte que le père de leur camarade est plus beau, plus jeune, plus fort, plus riche, plus intelligent ?...

En vérité, il faut que chaque citoyen, de chaque pays, se convainque qu'il possède, dans son propre pays, des valeurs qui sont dignes de son admiration et de son amour, mais que, pour cela même, au lieu de les ignorer ou de les mépriser, il faut qu'il les protège, qu'il les défende et qu'il les cultive.

Si donc la nation est la forme non seulement la plus favorable, mais encore *nécessaire, indispensable,* non seulement au bonheur, mais encore à la vie, au développement, à l'épanouissement des individus et des sociétés, nous devons tout faire pour la préserver et la défendre, nous devons adhérer sans réserve à la fameuse formule de Salazar :

« *Tout pour la Nation, rien contre la Nation* ».

Ici se place un argument, pour ainsi dire classique : — mais, dira-t-on, le nationalisme ne risque-t-il pas de conduire, n'a-t-il — pas déjà conduit à des abus, à des excès, à des crimes, à des atrocités ?...

Mais y a-t-il une doctrine, un régime, une idéologie, une religion, et jusqu'au christianisme, religion d'amour, qui n'ait pas conduit à des abus, à des excès, à des crimes, à des atrocités ? Hélas, l'humanité est ainsi faite. Au nom de la Liberté, on remplit les prisons. Au nom de la Fraternité, on torture et on tue. Au nom de la Paix, on déclenche la guerre.

L'histoire de la monarchie, dans tous les pays, est jalonnée d'intrigues, de fourberies, de trahisons, de parricides, de fratricides, de massacres et de persécutions.

Les républiques démocratiques, un peu partout, et en particulier en France, sont nées dans un bain de sang, que l'on répète de temps à autre, à titre d'épuration.

Et, depuis deux mille ans, et aujourd'hui encore, les hommes se massacrent mutuellement, sous le signe de la maxime :

« *Aimez-vous les uns les autres !* »...

Si donc les crimes et les atrocités sont partout ; si, par conséquent, les crimes et les atrocités s'annulent (pour parler en termes mathématiques), et si nous faisons la confrontation et le bilan des valeurs *positives* des différentes doctrines et idéologies *politiques* qui ont sollicité l'intelligence, l'adhésion et l'enthousiasme des hommes, nous devons reconnaître que les résultats sont, indiscutablement et très largement favorables à la *nation*.

Du moins la nation, elle, au contraire de la démocratie, est franche et sincère. Elle ne berce pas les hommes d'illusions ; elle ne cherche pas à les convaincre qu'ils sont des anges ; elle ne les invite pas à se battre pour des nuées. Simplement, au-delà, ou au-dessus, des peines, des sacrifices, des déceptions, voire des crimes et des injustices, elle nous offre des réalités bien réelles, bien tangibles, bien palpables, bien pleines, bien vivantes : c'est le ciel et c'est le sol de notre pays ; ce sont ses paysages, ses forêts, ses rivières, ses prairies et ses montagnes, ses routes et ses sentiers ; c'est notre rue et notre quartier, notre ville ou notre village, avec sa fontaine, son église, sa mairie et son école, ce sont les rires de nos enfants, et l'amour de ceux que nous aimons, et la nostalgie de ceux qui ne sont plus ; c'est la ferme ou l'atelier, ce sont les foins et les vendanges, c'est la fatigue et le repos, et la partie de boules sous les platanes... Banalités, direz-vous, mais banalités qui sont notre vie *réelle*, quotidienne, et qui n'ont rien à voir avec les ambitions de quelques centaines de politiciens professionnels, avec les polémiques de quelques douzaines de folliculaires qui s'intitulent abusivement journalistes, avec l'engeance marginale, parasitaire et calamiteuse des intellectuels intellectualisants de l'intelligentsia (ne pas confondre ici *intellectuel* avec *intelligent*) ; qui ont encore moins à voir avec les élucubrations de Karl Marx, de Lénine et de Mao-Tsé-Toung !...

Et c'est aussi l'inépuisable richesse de notre patrimoine culturel, artistique et littéraire. Car, je le répète, tout ce que les hommes ont créé de beau, de grand, de durable — les chefs d'œuvre de la musique et de la littérature, les tableaux, les palais, les églises, les monuments — portent la marque indélébile de la *nation*. Tandis que les bustes de Marianne en bonnet phrygien distribués dans toutes les mairies de France (fussent-ils remplacés par le buste de Brigitte Bardot !), les imitations de temples grecs de nos parlements, les blocs en ciment armé de nos habitations à bon marché, la peinture *abstraite* ou la musique *concrète*, ne suffisent pas, quant à moi, à attester le génie créateur de la démocratie.

Une dernière remarque en ce qui concerne les abus et les crimes que l'on reproche à la nation : pour certaines gens, en particulier, les mots *nation* et *nationalisme* sont automatiquement, nécessairement, synonymes de guerre. C'est faux.

Je dirai, en premier lieu, que les guerres entre nations ne sont pas plus sanglantes, et qu'elles déchaînent moins de haines, et qu'elles laissent dans les cœurs et dans les âmes moins de traces, et moins profondes et moins durables quel guerres civiles. Or, sur ce point, je pense que le jour où, tous les citoyens auront été formés, éduqués, comme il se doit, dans l'amour de leur pays, le jour où, en particulier, ils comprendront la nécessité vitale, naturelle, inéluctable de la *nation*, et, par conséquent, la nécessité, pour le bien de tous et de chacun, de sacrifier les intérêts et les égoïsmes individuels et de classe à l'intérêt national, ce jour-là, les guerres civiles pourront être en grande partie évitées.

L'État véritablement national est, par définition, un État social. Car si tous les intérêts des individus, des classes, des groupes, des corporations, sont orientés, ordonnés, articulés, dans le sens de l'intérêt national (c'est-à-dire de l'intérêt général), il en résultera nécessairement le plus grand équilibre social et la plus grande justice sociale

D'autre part, loin d'être un facteur de guerre, le nationalisme *bien compris*, le véritable nationalisme, est le gage le plus sûr et le plus solide de la paix. Car l'individu qui, *parce qu'il les connaît*, comprend et estime les valeurs et les richesses de son patrimoine national, et qui, pour cela même, *consciemment*, est fier de son pays, et qui, consciemment, aime son pays, sera, pour cela même, et naturellement, conduit à *connaître*, à comprendre et même à aimer les autres pays et, pour commencer, les pays voisins. Ce ne sont pas là des paroles en l'air, des rêves d'idéologue : je pense, très *concrètement*, que si, dès les bancs de l'école, au lieu d'enseigner aux enfants à mépriser leur patrie et à haïr celles des autres, on leur enseignait à connaître, à estimer, et à aimer leur patrie, et à connaître, à estimer et à aimer celle des autres, je ne dis pas que ce serait la paix garantie, mais ce serait certainement une contribution à la paix, beaucoup plus solide, beaucoup plus efficace que tous les discours des pacifistes, que tous les meetings, les marches et les défilés pour la paix, que toutes les " conférences de désarmement " et de " sécurité ", que toutes les résolutions de l'ONU qui, créée pour garantir la paix, n'est pas parvenue jusqu'à présent à éviter une seule guerre, mais qui a contribué à en envenimer et à en prolonger quelques-unes.

La Démocratie contre la Nation

Ayant analysé en détail le régime appelé démocratie, dans ses principes et dans ses institutions, du suffrage universel au chef de l'État, en passant par les partis, le parlement et le gouvernement, nous avons conclu, chaque fois, que ce régime était contraire aux intérêts de la nation.

Mais ce n'est pas tout. La démocratie pourrait être un mauvais régime, mais un régime comme un autre. Il n'en est rien.

La démocratie ne se contente pas de ronger et de détruire la nation de l'intérieur : elle la mine et la menace de l'*extérieur*. Dès leur naissance, les modernes démocraties occidentales portent la marque de l'*internationalisme*. Aucune d'elles n'a été, je pense, le résultat de la volonté spontanée d'une nation : toutes ont été préparées, fomentées, sinon, le plus souvent, imposées, par la force, de l'étranger.

Le manuel d'histoire de France « *Révolution et Empire* » — Classe de première — de Malet et Isaac, naguère adopté dans tous les lycées de France et de Navarre, après avoir cité *in extenso* la Déclaration des Droits de l'Homme et du Citoyen, votée par l'Assemblée Constituante, le 26 août 1789, écrit :

> « *Cette Déclaration, aux formules nettes et vigoureuses, énonçait des principes généraux, valables pour tous les hommes, en tous pays. Plus encore que les déclarations américaines, elle était dépouillée de toute préoccupation nationale. Son caractère absolu et universel lui valut*

de devenir le programme commun aux libéraux et aux démocrates de toutes nationalités. »

Ces phrases contiennent implicitement ce qui a toujours été le *véritable* principe — non déclaré, mais fondamental —de la démocratie :

« *Le droit des peuples à ne pas disposer d'eux-mêmes* » (tandis que l'on énonçait, officiellement, le principe contraire !).

Et, tandis que l'on proclame, à grand renfort de fanfares, le principe de la non-ingérence dans les affaires intérieures des États, nous voyons certains pays se mêler de plus en plus de la vie politique des autres !

En effet, cette pression internationale sur la vie intérieure des peuples s'est, naturellement, considérablement accentuée depuis la fin de la seconde Guerre mondiale, puisque cette guerre a été publiquement proclamée comme la croisade des démocraties, et que la victoire a été publiquement proclamée comme la victoire des démocraties.

C'est ainsi que la fameuse conscience universelle démocratique, dont nous avons parlé si souvent ici, jadis entité plus ou moins abstraite, sans nom et sans visage, a revêtu des formes bien concrètes, tangibles, terriblement actives et virulentes. Il y a d'abord eu la guerre elle-même, avec ses monceaux de ruines et ses millions de cadavres. Mais on ne peut pas mobiliser les peuples tous les ans ou tous les deux ans, même au nom de la croisade des démocraties. C'est pourquoi nous avons eu ensuite le tribunal de Nuremberg, avec ses juges, ses lois rétroactives, ses sentences et ses exécutions ; et nous avons l'ONU, avec son cirque-parlement mondial, ses commissions, ses résolutions et ses casques bleus ; nous avons le parlement de Strasbourg, avec ses parlotes et ses ostracismes, le parlement de Strasbourg dont j'avoue que je n'ai pas encore très bien compris à quoi il servait, si ce n'est à procurer de grasses sinécures à quelques fonctionnaires internationaux,

payés, naturellement, sur l'argent des contribuables... nationaux !
Nous avons les meetings, les manifestations, les marches, les
défilés, organisés à Paris, à Berlin, à Rome ou à Amsterdam, contre
les *fascismes* espagnol, portugais, grec, rhodésien, sud-africain. Et
nous avons, enfin et surtout, les grands organes internationaux
d'information, la presse, la radio, la télévision, le cinéma, avec
leurs campagnes monstrueuses de falsification, de diffamation, de
mensonges, d'intoxication et de haine.

Tout ceci au nom de la démocratie, au nom du droit des peuples à ne pas disposer d'eux-mêmes.

L'INFRANCHISSABLE ABÎME

Avant *la* guerre, un certain nombre de peuples avaient accompli ce que l'on a appelé leur révolution *nationale*.

L'expression est hautement significative, parce que l'adjectif *national* signifie très précisément ici *antidémocratique* et que ces révolutions *nationales* ont été réalisées, *toutes*, dans un sens *antidémocratique*. On ne saurait mieux signifier que la *démocratie* est l'ennemie de la *nation*.

Certains de ces régimes sont parvenus à survivre tant bien que mal à la victoire des démocrates. D'autres pays même, avec un courage qui frise la témérité, ont accompli entre-temps leur révolution nationale... Mais tous, comme je l'ai dit, sont soumis à des pressions constantes, et de toutes sortes. On leur dit :

— *Comment, vous ne faites pas d'élections ? C'est inadmissible ! Allons, vite, des élections ! et des élections libres, s'il vous plaît !*
(comme s'il pouvait y avoir des élections véritablement libres, dans quelque pays et sous quelque régime que ce soit !).

On leur dit :

— *Comment, vous n'avez pas de partis politiques ? Mais c'est affreux !...* Et l'on fait tout pour attiser dans ces pays les haines partisanes, qui leur avaient été jusque-là épargnées.

On leur dit :

— *Comment, vous avez des organisations nationales de jeunes qui défilent dans les rues, en uniforme et en chantant des chants patriotiques ! C'est le comble de l'abomination ! C'est du fascisme ! Haro sur les fascistes !... Et ainsi de suite.*

On sait que je n'exagère pas : au chapitre intitulé « Les partis contre la nation », nous avons cité un exemple concret — à l'occasion des élections d'octobre 1969, au Portugal — de tentative d'intervention étrangère dans les affaires intérieures d'un État.

Parfois, cependant, devant l'inutilité de leurs efforts, les croisés de la Démocratie changent de tactique : avec les attaques, les injures, les calomnies, les menaces, alternent alors les *conseils* et les *promesses*. On dit à ces peuples récalcitrants :

— *Si vous vous obstinez à persévérer diaboliquement dans l'erreur, vous serez relégués au ban de l'humanité ; vous serez excommuniés et abandonnés à votre misérable sort ; nous décréterons des sanctions contre vous ; personne n'aura le droit d'entretenir avec vous quelque relation que ce soit ; vous serez ruinés, asphyxiés. Mais si vous êtes raisonnables, si vous rentrez bien sagement dans le rang des démocraties, alors vous serez admis dans le concert des pays développés, vous participerez, au même titre que les autres, aux bénéfices du progrès et de la civilisation...*

Et l'expérience nous montre que s'il faut beaucoup de courage, beaucoup d'endurance, beaucoup de force de volonté pour résister aux injures et aux menaces, il en faut bien davantage pour résister au chant des sirènes.

Cependant, c'est de cette résistance que dépend la survivance de ces peuples en tant que nations. Car si la révolution nationale s'est faite contre la démocratie, *tout retour à la démocratie, toute concession à la démocratie, se traduira par une perte pour la nation.*

Il est temps de conclure.

Je suis convaincu que les prochaines années vont être décisives pour la survivance ou la ruine des nations, en particulier des nations de notre vieille Europe ; pour la survivance ou la ruine de notre civilisation occidentale. S'il est vrai, comme l'a dit le président Salazar, que « les temps sont proches où la grande division, l'abîme infranchissable, s'ouvrira entre ceux qui *servent* la patrie et ceux qui la *nient* », cela revient à dire que la grande division, l'abîme infranchissable est ouvert entre ceux qui *combattent* la démocratie et ceux qui la *servent*.

Lisbonne, 1970-1971

POSTFACE

LA présente réédition du « *Procès de la Démocratie* » qui, nous le souhaitons, ne sera pas la seule, permet de mesurer l'aggravation des problèmes en quarante ans. Jean Haupt avait vu juste, et si la situation est plus que jamais critique, on le doit à la désinformation du grand public. Comparé à l'actualité, le "Procès" prend une dimension prophétique.

❧

Victorieuses en 1945, la France et la Grande-Bretagne ont vite rejoint le rang des vaincus : il ne subsiste que des débris de leurs empires. Restaient, face à face, l'URSS et les États-Unis, puissances rivales œuvrant chacune à la perte de l'autre et arborant toutes deux le titre de "démocratie", l'une "populaire", l'autre "libérale".

Après l'implosion de l'URSS sous, Gorbatchev, la "démocratie libérale" semblait promise à "hégémonie mondiale, ce qui, en réalité, signifiait la domination du monde par les États-Unis, plus précisément par les groupes de pression, connus ou occultes, qui confisquent un pouvoir émanant des électeurs. Dès 1989, Washington impose à divers pays d'Europe des lois "antiracistes", souvent agrémentées d'adjonctions antirévisionnistes, qui permettront notamment le chantage du Congrès Juif Mondial et les poursuites pénales contre quiconque doute de "l'holocauste". [Dans les parlements, les groupes de pression priment la volonté des électeurs.]

"Démocratie", claironnent les média ; "démocratie", répète un grand public ahuri. Valeur suprême, indiscutable, la "démocratie", après 1945, a même rallié une importante partie des nationaux-européens aux États-Unis par peur de la Russie soviétique. Les pays de notre continent ont laissé passer l'occasion de reprendre des forces, militaires surtout, à la faveur de la lutte sournoise qui paralysait les deux superpuissances.

Voici donc plus d'un demi-siècle que règne l'idole "démocratie". En tous lieux, les plumitifs la présentent comme le bien absolu. Mais nul ne la définit. On nous dit seulement qu'elle se réalise avec le plus de bonheur aux États-Unis. Les autres souffrent de "déficit démocratique" plus ou moins grave, comme la Russie, ou se comptent au nombre des États-voyous, tel l'Iran.

Les États-Unis réaliseraient "presque" à la perfection ce régime capable d'assurer aux peuples un avenir radieux. Le "presque" s'impose aujourd'hui, vu les ennuis financiers de la superpuissance, des ennuis qui, de plus en plus, se révèlent un mal rongeant l'ensemble de la société. Les autres pays, éloignés quelque peu de la presque perfection états-unienne, présenteront des "déficits démocratiques" de gravité croissante au fur et à mesure de leur désobéissance à la superpuissance. Seulement le patatras de Wall Street ternit déjà le prestige de la démocratie d'outre-Atlantique : une des pires variantes d'un régime "presque parfait".

Prenons le cas d'école de naufragés sur une île déserte. Le capitaine, qui connaît son océan "Pacifique", préconisera de construire le village sur une colline. La majorité préférera le littoral proche des cultures. Survient un raz-de-marée qui noie les 51% et donne raison au capitaine et à sa minorité sur la colline !

Rappelons les données. Que veut dire "démocratie" ? De quel pouvoir s'agit-il ? D'un pouvoir exercé par le peuple, pour le peuple, au nom du peuple ?

— "Par le peuple" ne se peut que dans de petites communautés où les citoyens, réunis sur la place publique, votent à main levée. Impraticable à l'heure actuelle.
— Un pouvoir "pour le peuple", pour en assurer la survie et l'ascension biologique, c'est-à-dire morale et culturelle ? Alors certains souverains, rois ou dictateurs, ont été d'excellents démocrates.
— Enfin un pouvoir "au nom du peuple", variante à la mode où des élus siègent dans une ou deux "chambres" et promulguent des lois que nul n'est censé ignorer, mais que personne ne peut connaître.

Il convient aussi de définir le mot "peuple". Si l'on appelle "peuple" une horde bigarrée accourue de tous les continents, alors, un gouvernement pour le peuple devient impossible, et le pouvoir en est réduit à retarder les catastrophes. Mais si un peuple est gouvernable, c'est en raison d'une cohésion suffisante : morale, culturelle, intellectuelle ; donc raciale. Au sens viable du terme, "peuple" ne réunira que des ethnies d'une même grand-race. "Peuple" n'englobe pas les allogènes naturalisés.

Dans un très petit pays, où les électeurs connaissent ou pourraient connaître la plupart des candidats, le parlement reflétera encore la volonté des électeurs. La Suisse, par exemple, est déjà trop grande pour cela. Le citoyen connaîtra peut-être un homme de la liste ; deux, avec de la chance. Pour le reste, il vote les yeux fermés et fait confiance au parti. Mais voilà, son parti a besoin d'argent pour la campagne électorale ; les cotisations ne suffisent pas. Un mécène survient et contribue généreusement ; toutefois il demande qu'un ou deux de ses amis figurent sur la liste.

Ainsi, à chaque mécène supplémentaire, la proportion de vrais membres diminue au profit des financeurs. Le pire se produit dans un pays de la dimension des États-Unis ; car plus grand est le pays, plus grande est l'importance de la ploutocratie. Donc, entre les électeurs et les élus, il y a trop de forces, connues, obscures ou occultes, qui formeront le parlement tout en donnant aux électeurs l'illusion d'un libre choix.

— « Occultes ! Vous donnez dans le complotisme ! », s'écrieront les bien-pensants. Comme si les complots n'existaient pas ! Car ne l'oublions pas, seuls sont connus les complots qui échouent !

Quel que soit actuellement le régime d'un pays, les groupes de pression exercent une influence néfaste, comme le montrait notamment le professeur Firmin Oulès dans le tome III de « *La démocratie économique* » (1971). Un groupe disposant de beaucoup d'argent agira sur l'opinion et déterminera souvent le résultat d'élections et de votations. Certes, les intérêts du groupe coïncideront parfois avec l'intérêt général ; dans la règle, ils seront égoïstes. Or Oulès propose de remplacer ces néfastes par des instances indépendantes.

Rappelons qu'Oulès a continué l'œuvre de l'École de Lausanne, illustrée par Vilfredo Pareto, qui inspira à Mussolini l'instauration des corporations. La solution consiste à mettre en place, entre les administrés et les gouvernants, des instances indépendantes qui protègent les citoyens et déchargent les dirigeants de tâches secondaires. D'où le succès du fascisme et des régimes de même inspiration. Pour mettre hors jeu les groupes parasites, il faut notamment créer des organismes utiles.

L'idole " démocratie " sert aujourd'hui à démolir les peuples et les races, et à fabriquer, à la " Frankenstein ", une humanité grise et sans visage, espérée homogène. Cette vieille illusion se dissipera vite : le chaos racial reformera, mais en désordre, les caractères héréditaires qu'on voulait dissoudre par métissage. Les apprentis sorciers au service de l'idole auront préparé des lendemains auxquels l'humanité pourrait ne pas survivre..

En favorisant systématiquement les allogènes aux États-Unis, en espérant se les concilier, les détenteurs du pouvoir susciteront un jour des guerres civiles, en réalité raciales, capables d'anéantir la population blanche, ou de l'obliger à se regrouper en attendant des jours meilleurs. Pour l'instant, conscients de leur faiblesse, les maîtres de la Maison-Blanche cherchent à imposer au reste du monde un chaos racial, si possible plus grave que le leur.

Considérons la montée du chaos installé par les apprentis sorciers états-uniens. Jusqu'où ira le désastre ? Nul ne le sait. En revanche, le chaos offre, des chances nouvelles. Tout se ramène à la lutte entre la vie saine et la vie malade.

Même si désormais l'on met hors d'état de nuire les forces qui, entre l'électeur et l'élu, confisquent le pouvoir, grâce à l'argent et à l'action conjuguée des média, en quoi consisterait l'erreur du "système" ?

— À croire que la majorité (les 51%) a toujours raison.

Que l'on consulte la majorité pour un consentement sur des questions générales à la portée du citoyen, d'accord. Mais donnons aux connaisseurs des problèmes ardus les moyens de les résoudre. Pour la sécurité des chantiers, un responsable doit pouvoir exiger la remise en état ou le remplacement d'une grue avant que celle-ci ne s'effondre. La catastrophe de Mattmark (en Valais, Suisse), qui résulta de l'écroulement d'une partie d'un glacier sur les baraquements des travailleurs du barrage, a révélé l'absence de contrôle quant à la sécurité de l'emplacement choisi. Et ainsi de suite... D'autre part, il est grotesque de faire voter le grand public sur des questions qui présupposent des connaissances de spécialistes.

Faiblesse majeure de la "démocratie libérale" : les détenteurs du pouvoir laissent les responsabilités à des électeurs impuissants ; ils peuvent donc tendre à des buts de coterie, de clan, même destructeurs. S'il y a de la casse, celle-ci retombera sur l'ensemble des citoyens. Exemple : les banques américaines renflouées par l'État : les bonnes affaires pour les banques, les mauvaises pour les idiots utiles !

Il est vain de se demander si la "démocratie" pourrait fonctionner correctement sous certaines conditions. Les régimes actuels échouent. Les États corporatifs d'avant-guerre, eux, avaient réussi, comme le prouve leurs taux de natalité. Quant aux "démocraties libérales", elles ignorent obstinément leur devoir de maintenir les naissances, ce que même certains pays communistes (Allemagne de l'Est, Roumanie) avaient réalisé.

La survie de la race blanche est un problème aux multiples composantes dont la solution devient chaque jour plus difficile. En voici l'aspect politique : les peuples s'organisent eux-mêmes au niveau communal ou régional, tandis que les nations obéissent à des élites imposées par les forces qui font l'histoire des peuples, des ensembles continentaux, de l'humanité entière. Le pouvoir qui vient d'en-bas et le pouvoir qui vient d'en-haut peinent à se rejoindre, faute de corps intermédiaires organiques.

Les démocraties libérales d'aujourd'hui ne possèdent que des corps intermédiaires parasites. Comment les remplacer par des organismes constitutionnels utiles ? Il y a là des domaines d'étude, de recherche et de réalisation d'autant plus vastes que s'est aggravé et généralisé le chaos social, moral et culturel dans le monde prétendu libre, c'est-à-dire dans la zone encore contrôlée par les États-Unis, mais qui, en réalité, subit une écrasante dictature, matérielle et spirituelle.. Le tabou "démocratie" interdit aujourd'hui l'accès aux problèmes dont dépend la survie des peuples. Il est d'ailleurs remarquable que, par une méthode très différente, les Chinois aient trouvé d'intéressantes solutions. Or comme la Chine est mono-ethnique, elle a de meilleures chances de dominer le monde.

En 1971, notre ami regretté Jean Haupt publie *"Le procès de la démocratie"*, livre de quelque 180 pages qui commence en ces termes :

« Pour sortir de l'impasse, il faut sortir de la démocratie. "

En 1971, c'était encore le monde bipolaire USA-URSS avec deux démocraties, la "libérale" et la "populaire". Mais l'auteur dénonce déjà leur identité prédatrice. Vingt ans plus tard, les maîtres de la Maison-Blanche, accédant à l'hégémonie planétaire, laissent tomber le masque "libéral" et prétendent imposer la démocratie comme instrument de leur domination par le métissage et la corruption des mœurs. Cela, au besoin, par les bombes, comme en Serbie, en Irak et en Afghanistan, et au nom des Droits de l'homme !

Le message de Jean Haupt a non seulement gagné en actualité, mais son importance augmente encore à l'heure où s'effondre l'hégémonie états-unienne. Une réédition, non seulement pour les initiés, mais pour la foule des braves gens bernés par les média, aurait un impact salutaire ; elle contribuerait à ramener les peuples d'Europe sur le chemin de l'indépendance à reconquérir. Dans l'immédiat, il faut faire circuler les exemplaires disponibles de ce " Procès ".

L'événement fixera l'ordre d'urgence des problèmes dont dépend la survie des peuples européens.

G. A. Amaudruz
Août 2010

TABLE DES MATIÈRES

I. **INTRODUCTION** 8
    Pour sortir de l'impasse 9

II. **LES IMMORTELS PRINCIPES** 12
    Liberté, Liberté chérie 16
    Liberté de pensée 18
    La liberté de la presse ; liberté et indépendance 20
    Plaidoyer pour la censure 21
    Les libertés accessoires et les libertés essentielles 24
    Culture et Démocratie 28
    Égalité, Fraternité... N'en parlons pas ! 33

III. **LE SUFFRAGE UNIVERSEL** 36
    Un homme, un vote 39
    La majorité infaillible 41
    La guerre civile légalisée 44
    La Pandémocratie et ses tentacules 50

IV. **LES PARTIS CONTRE LA NATION** 51
    Les piliers de la démocratie 53
    Une machine à fabriquer des députés 55
    La guerre civile endémique 56
    Réquisitoire contre le droit de grève 57
    Les partis scissipares 59
    Au royaume d'Absurdie 60
    Les partis contre la Nation 61

V. LE PARLEMENT	68
Le Parlement, c'est la Démocratie	73
Une lourde hérédité	73
Un champ clos	74
Incompétence	76
Discrédit	80
VI. LE GOUVERNEMENT	85
Instabilité	92
La pire des dictatures	96
Incompétence	99
Techniciens ou technocrates ?	102
L'intérêt du parti et l'intérêt national	103
Le Salut dans le " Centre " ?	104
Le Gouvernement gouverné	105
VII. L'ÉTAT SANS CHEF OU LA FEMME SANS TÊTE	107
Les chefs partout ou : nécessité du chef	108
Le rôle du Chef de l'État	109
Un roi constitutionnel ou : Un président héréditaire	110
Le Président " des Autres "	112
VIII. CONCLUSION (L'infranchissable abîme)	116
Tout pour la Nation Rien contre la Nation	119
La Démocratie contre la Nation	126
L'infranchissable abîme	128
POSTFACE	131

- the-savoisien.com
- pdfarchive.info
- vivaeuropa.info
- freepdf.info
- aryanalibris.com
- aldebaranvideo.tv
- histoireebook.com
- balderexlibris.com

www.ingramcontent.com/pod-product-compliance
Lightning Source LLC
LaVergne TN
LVHW091554060526
838200LV00036B/840